세상을 뒤흔든 위인들의 좋은 습관

세상을 뒤흔든 위인들의 좋은 습관

최효찬 글 | 이지후 그림

1판 23쇄 발행일 2023년 9월 15일
펴낸곳 녹색지팡이&프레스(주) | 펴낸이 강경태 | 등록번호 제16-3459호 | 제조국 대한민국 | 대상연령 8세 이상
주소 서울시 강남구 테헤란로84길 12 (우)06178
전화 (02)2192-2200 | 팩스 (02)2192-2399

이 책의 출판권은 저작권자와 독점 계약한 녹색지팡이&프레스에 있습니다.
저작권법에 의해 보호를 받는 저작물이므로 무단 전재와 무단 복제를 금합니다.

Copyright ⓒ 최효찬, 이지후 2008
ISBN 978-89-91481-86-2 73810

세상을 뒤흔든 위인들의 좋은 습관

최효찬 글 | 이지후 그림

녹색지팡이

지은이의 말

여러분이 부모님의 든든한 울타리 안에서 지낼 수 있는 시간은 많지 않습니다. 어린 시절은 결코 길지 않지요. 그런 만큼 아주 중요한 시기라고 할 수 있습니다.

이 시절에 여러분은 부모님에게 거의 모든 것을 의지하겠지요. 잠자리에서 일어나 학교에 갈 준비를 할 때부터 다시 잠자리에 들 때까지 부모님은 여러분에게 많은 일을 해 줍니다. 하지만 아무리 부모님이라도 여러분에게 해 줄 수 없는 것들이 있습니다. 공부를 해서 지식을 쌓는다거나, 운동으로 몸을 튼튼히 한다거나, 예술의 재능을 키운다거나, 좋은 습관을 갖는다거나 하는 것들이지요.

이 가운데 제일 중요한 것은 좋은 습관입니다. 좋은 습관을 가지면 다른 것들은 저절로 잘 풀리게 되어 있거든요. 예를 들어 매일 한

권씩 책을 읽는 습관을 들이면 지식과 지혜가 저절로 쌓이지요.
나는 이 책을 여러분이 그런 좋은 습관을 기를 수 있도록 도움을 주기 위해 썼습니다. 케네디, 타이거 우즈, 워렌 버핏, 톨스토이, 록펠러, 빌 게이츠, 손정의, 반기문, 괴테, 스필버그……. 그들은 모두 어린 시절부터 들여 온 좋은 습관을 바탕으로 각 분야에서 세계 최고의 인재가 되었습니다. 그들에게 좋은 습관을 키워 주려는 부모님의 가르침, 부모님의 가르침을 받고 자란 그들의 어린 시절, 그리고 여러분이 본받아 익힐 수 있는 50가지 좋은 습관을 이 책에 담았습니다.
그들의 좋은 습관을 따라 익히기는 것은 그리 어렵지 않습니다. 그들에게서 공통적으로 발견되는 습관이 있습니다.

첫 번째가 독서입니다.
책에는 살아가는 데 필요한 지혜나 지식, 정보가 들어 있습니다. 창의적인 인재가 되기 위해서 독서가 반드시 필요합니다. 마이크로소프트 사를 설립해 세계 컴퓨터 시장을 장악한 빌 게이츠는 자신에게 초능력이 주어진다면 책을 빨리 읽는 능력을 갖고 싶다고 했습니다. 그는 어릴 때 책읽기를 좋아해 백과사전을 처음부터 끝까지 읽을 정도였지요.
인터넷의 지배자로 불리는 손정의는 건강이 나빠져 치료를 받는 3년 동안 무려 4천 권의 책을 읽어 평생 이용할 지식과 아이디어를 얻었습니다.

두 번째, 자신이 좋아하는 일을 누구보다 열심히 했습니다.
세계적인 영화감독 스티븐 스필버그는 어린 시절에 공부를 너무 못해 부모님이 크게 실망했습니다. 그런데 아버지가 준 소형 무비 카메라(영화 촬영기)에 푹 빠져 지내면서 장래 꿈을 영화감독으로 정하고, 마침내 큰 성공을 거두었습니다. 스필버그는 공부를 잘하지 않더라도 자신이 좋아하는 일을 열심히 하면 크게 성공할 수 있다는 것을 보여 주었지요.

세 번째, 적은 돈도 소중히 여겼습니다.
투자의 신 혹은 투자의 귀재라 불리는 워렌 버핏은 바닥에 떨어진 1센트짜리 동전을 주우면서 "이것이 또 다른 10억 달러의 시작."이라고 여겼습니다. 석유 왕 록펠러의 어머니는 "무절제한 낭비는 비참한 가난을 부른다."며 아들에게 근검절약하는 습관을 가르쳤습니다.

마지막으로, 부모님을 믿고 잘 따랐습니다.
어린 시절에는 세상 물정을 잘 모르기 때문에 경험이 많은 부모님의 가르침이 필요합니다. 세상에 위대한 업적을 남긴 사람들은 하나같이 부모님의 말씀에 귀 기울였고, 부모님을 존경했습니다. 골프의 황제 타이거 우즈와 빌 게이츠가 가장 존경하는 사람이 바로 부모님입니다.

'세 살 적 버릇이 여든까지 간다.'는 속담이 있듯이 어린 시절의 습관은 매우 중요합니다. 어릴 때 몸에 밴 습관은 어른이 되어서도 좀처럼 고치기 어렵습니다. 그래서 어릴 때부터 좋은 습관을 가지라고 하는 것입니다. 좋은 습관이 몸에 밴다면 10년이나 20년 후에 여러분은 틀림없이 이 세상이 필요로 하는 인재가 되어 있을 것입니다. 수많은 사람들이 여러분을 하늘의 별처럼 우러러보게 될 것입니다.
자, 그럼 위인들의 좋은 습관을 내 것으로 만들기 위해 책 속으로 여행을 떠나 볼까요.

2008년 가을 최효찬

차례

■ 지은이의 말

1 케네디에게 배우는 반복 학습의 힘
   열심히 반복하면 잘할 수 있다 ★ 10

2 타이거 우즈에게 배우는 게임의 법칙
   인생에 지름길은 없다 ★ 24

3 워렌 버핏에게 배우는 인내의 정신
   눈앞의 이익에 만족하지 말고
         큰 미래를 위해 도전하라 ★ 40

4 톨스토이에게 배우는 자기 성찰
   일기를 쓰며 반성하고
         계획하고 목표를 세워라 ★ 54

5 록펠러에게 배우는 자립심
   부모님과 함께 여행하며
         '세상 물정'을 깨우쳐라 ★ 68

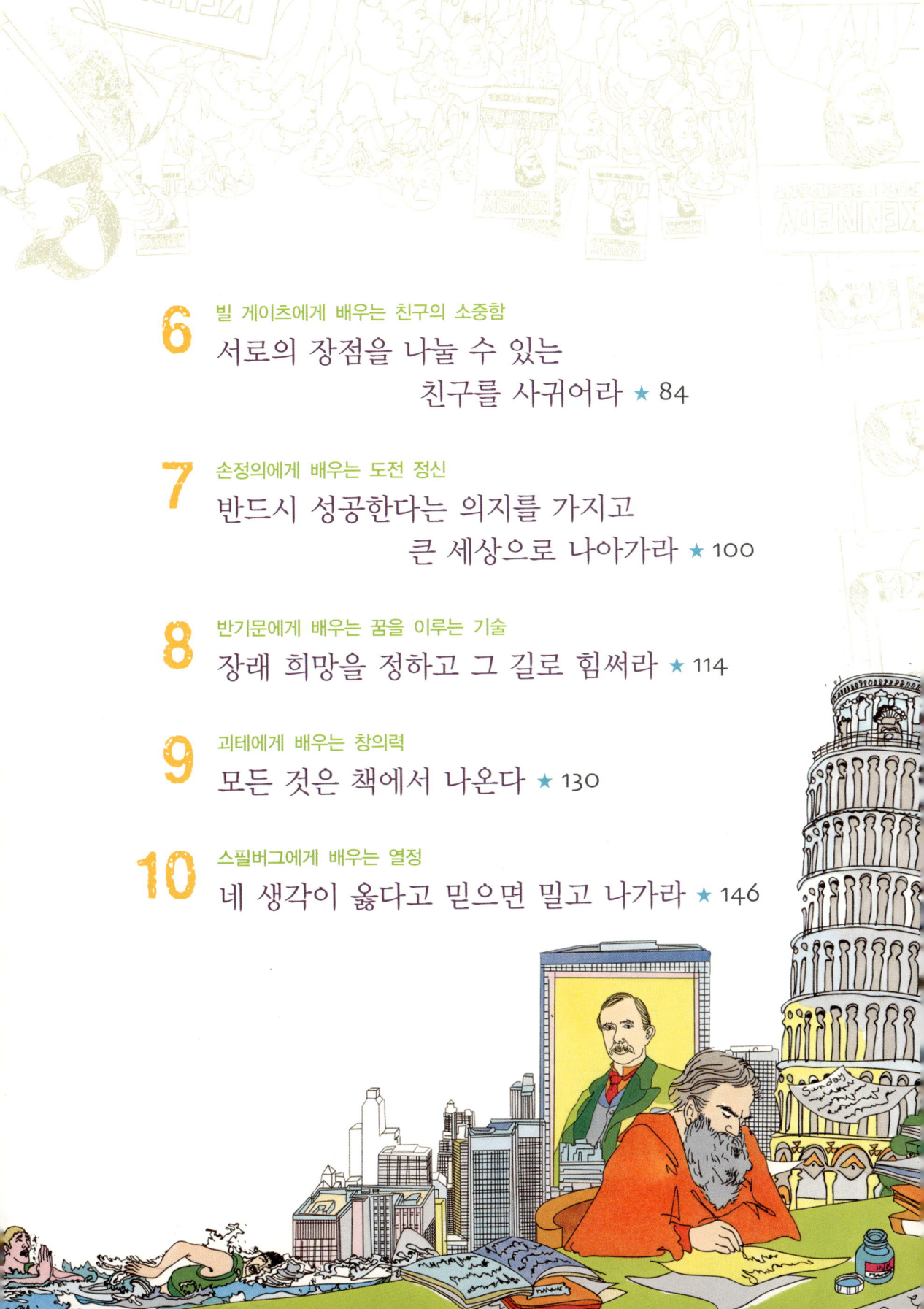

6 빌 게이츠에게 배우는 친구의 소중함
서로의 장점을 나눌 수 있는
친구를 사귀어라 ★ 84

7 손정의에게 배우는 도전 정신
반드시 성공한다는 의지를 가지고
큰 세상으로 나아가라 ★ 100

8 반기문에게 배우는 꿈을 이루는 기술
장래 희망을 정하고 그 길로 힘써라 ★ 114

9 괴테에게 배우는 창의력
모든 것은 책에서 나온다 ★ 130

10 스필버그에게 배우는 열정
네 생각이 옳다고 믿으면 밀고 나가라 ★ 146

I 케네디에게 배우는 반복 학습의 힘

열심히 반복하면 잘할 수 있다

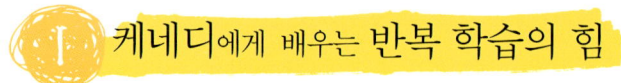

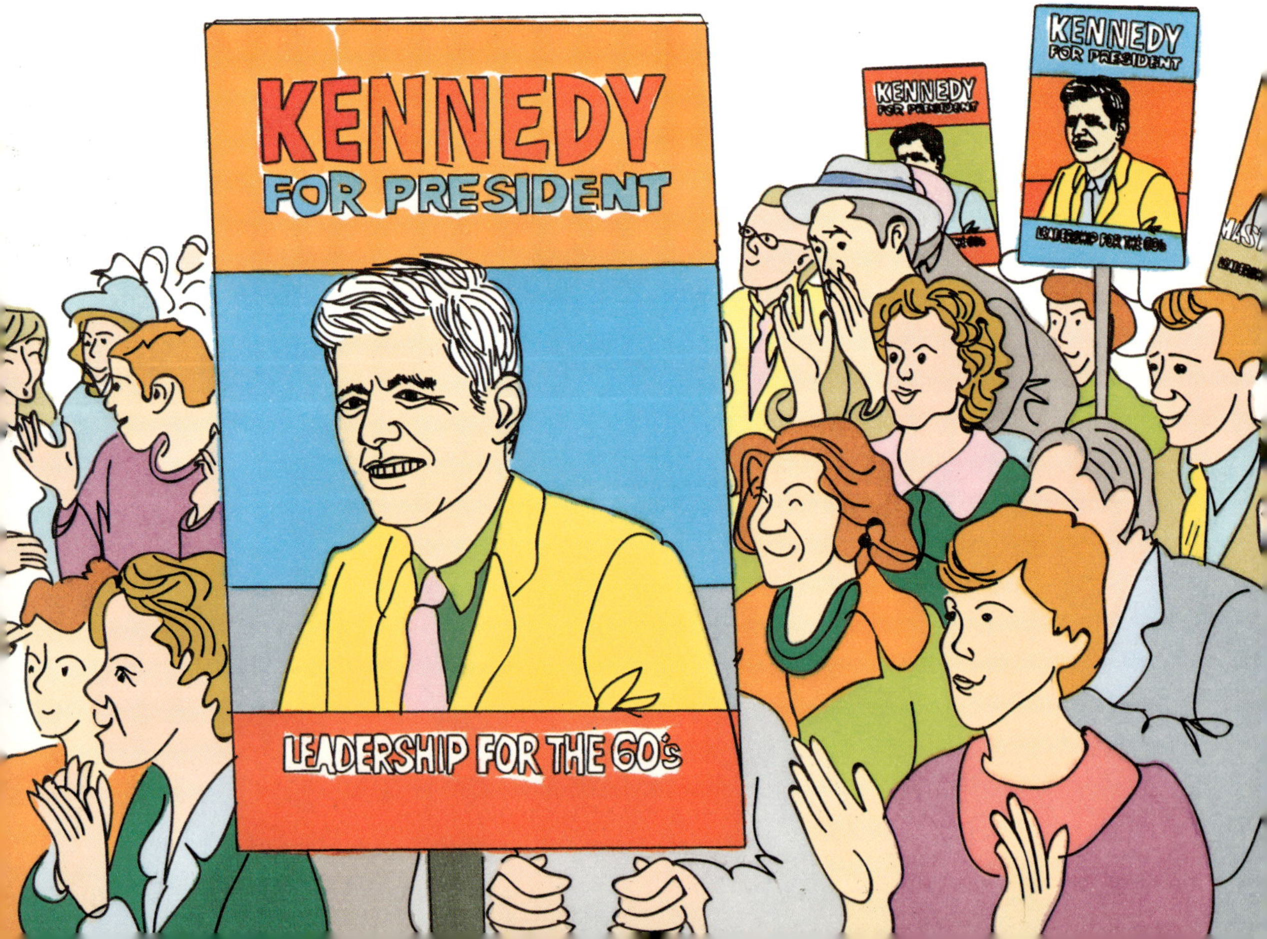

● 존 피츠제럴드 케네디 (1917~1963)

미국에서 가장 존경받는 대통령입니다. 《용기 있는 사람들》을 써서 1957년 퓰리처상(미국의 권위 있는 보도·문학·음악상)을 받았습니다. 어려서부터 약속과 시간의 중요성을 깨달아 자신을 철저히 관리하고, 토론하는 습관을 들이고, 부족한 점을 고쳐 가며 반복해서 연습한 결과 미국 역사상 가장 젊은 나이에 대통령에 당선되었습니다.

최고의 실력은 반복에서 비롯된다

"처음엔 서툴러도 반복해서 열심히 노력하면 누구나 최고가 될 수 있단다."

케네디가 어린 시절 어머니에게 늘 듣던 말입니다. 케네디는 이 말을 들으면 힘이 나고 덩달아 자신감이 생겼습니다.

무슨 일이든 누구나 처음부터 잘하기 어렵고 서툴게 마련입니다. 그러나 그 일을 자꾸 해 보면 잘하게 되고, 더욱더 노력하면 최고가 될 수 있지요. 운동도 연습을 많이 해야 실력을 제대로 발휘할 수 있습니다. 공부는 더 말할 필요가 없답니다. 영어로 된 책을 읽으려면 먼저 영어 단어를 외우고 또 외워야 합니다.

"친애하는 미국 국민 여러분, 조국이 여러분을 위해 무엇을 할 수 있는지 묻지 말고, 여러분이 조국을 위해 무엇을 할 수 있는지 물으십시오. 그리고 세계의 시민 여러분, 미국이 여러분을 위해 무엇을 베풀어 줄 것인지 묻지 말고, 우리가 손잡고 인류의 자유를 위해 무엇을 할 수

있을지 물으십시오."

 케네디가 대통령 취임식 때 한 연설입니다. 그는 이 연설로 연설 잘하는 대통령으로 이름났습니다. 하지만 처음 국회의원 선거에 나와 연설할 때는 너무 떨려 말을 더듬기까지 했습니다.

 "왜 이렇게 힘들지? 식은땀이 다 나네."

 선거 유세장에 모인 청중이 심드렁한 반응을 보이자 케네디가 중얼거렸습니다. 연설이 끝난 뒤 보좌관이 케네디에게 다가가 말했습니다.

 "말을 좀 더 천천히 하고 목소리를 조금만 낮추십시오."

케네디에게 배우는 반복 학습의 힘

"아는데도 잘 고쳐지지 않아."

연설이 서툰데도 케네디는 미국 역사상 가장 젊은 나이인 스물아홉 살에 국회의원에 당선되었습니다. 그 뒤 국회의원에 다시 출마했을 때도 연설은 좀처럼 나아지지 않았지요. 어느 부분에서는 힘주어 말하거나 소리의 높낮이를 조절해야 하는데 원고를 줄줄이 읽었으니 연설을 듣는 사람이 따분할 수밖에 없었습니다.

게다가 연설할 때 머리를 흔들거나 손을 안절부절못하는 버릇마저 있었습니다. 말하는 속도가 여전히 빠르고, 사용하는 단어도 너무 많았어요. 연설할 때는 평균적으로 1분간 150~180음절을 쓰는 것이 알맞은데 무려 300음절을 쏟아 내었던 것입니다.

당시 보좌관은 케네디의 연설을 이렇게 평가했습니다.

"케네디가 말을 너무 빨리 하는 바람에 청중이 그 내용을 잘 이해하지 못했다. 그의 연설을 듣는 거의 모든 사람이 실망할 정도였다."

자신감을 갖고 단점을 극복하다

연설이 서툰 케네디는 부족한 점을 고치려고 반복해서 연습했습니다. 연설문을 외우고 또 외우면서 피나는 노력을 기울였지요. 누군가 자신의 단점을 말해 주면 기꺼이 받아들여 하나하나 고쳐 나갔어요.

"연설하기 전에 두세 번 숨을 크게 쉬어 보세요. 연설하면서 손으로 위를 가리키며 올려다보기도 하고요. 그러면 기분도 한결 좋아지고 여유도 생길 거예요."

케네디의 새로운 보좌관이 곁에서 도움말을 주었습니다.

"여유를 갖기가 쉽지 않아. 하지만 심호흡을 하는 것은 좋은 아이디어군."

케네디는 연설 전에 숨을 크게 쉬고 되도록 천천히 말하려고 노력했습니다. 손가락으로 연단을 두드리며 안절부절못하던 습관을 바로잡기 위해 손은 주머니에 넣었지요. 강조하려고 힘주어 말할 때에는 손가락으로 위를 가리켰습니다. 연설 중간 중간에 유머도 곁들였습니다.

"이제 연설에 자신감이 생기고 제법 여유도 생겼어. 연설하러 청중 앞에 서면 먼저 두려운 생각이 앞서 눈앞이 캄캄했는데 말이야."

"의원님의 연설 실력은 최고입니다. 그 비결이 뭐죠?"

보좌관이 묻자 케네디는 우쭐해 말했어요.

"어머니의 말씀대로 반복해서 연습한 덕분이야. 어머니는 항상 '서툴러도 열심히 반복하면 잘할 수 있다.'고 하셨지. 잘하게 되면 점점 자신감이 생기지. 자신감이 생기니까 연설하는 데 두려움이 절로 없어지더군."

처음에는 연설에 서툴렀지만 반복해서 연습한 결과, 케네디는 대통령 선거 운동 때에는 최고의 연설자가 되었습니다.

 대부분의 사람은 연설하는 것을 두려워합니다. 많은 사람 앞에서 혹시나 실수해서 망신당하지 않을까 염려하기 때문이지요. 케네디도 처음에는 그랬고 심지어 말까지 더듬었습니다. 하지만 어머니의 가르침에 따라 열심히 연습해 연설을 잘하는 대통령이 되었습니다.

토론 능력을 길러 준 식사 시간

 케네디는 토론을 잘해 대통령에 당선되었습니다. 어린 시절 부모님에게 '식탁 교육'을 잘 받았기 때문에 토론 능력을 키울 수 있었습니다. 유명한 정치인을 여럿 탄생시킨 케네디 집안은 무엇보다 식사 시간을 잘 활용한 가문으로 통합니다. 오늘날에도 가족들이 함께 이야기를 나누기 위해서는 식사 시간에 텔레비전을 보지 않아야 합니다. 텔레비전을 보다 보면 관심이 온통 그쪽으로 쏠리기 때문이지요.

 케네디의 어머니 로즈는 아들딸들에게 우선 '식사 시간 지키기'를 식탁 교육의 첫 번째 원칙으로 정했어요. 아이들이 식사 시간을 지키지 않으면 밥을 주지 않았습니다. 아이들에게 약속과 시간의 소중함을 일깨워 주기 위해서였습니다.

　식사 시간에는 아이들이 〈뉴욕 타임스〉의 기사를 읽고 토론할 수 있도록 이끌었습니다. 케네디의 어머니는 먼저 아이들의 눈에 잘 띄는 곳에 게시판을 마련해 두고, 신문에서 좋은 글이 있으면 오려 붙여 놓았어요. 식사 때에는 그 기사를 화제로 올려 더욱 깊게 생각해 볼 수 있도록 질문하고 의견을 말하도록 이끌었습니다. 가끔 아이들이 잡담으로 빠져들면 일부러 질문을 하거나 화제를 돌려 토론이 제대로 이루어지게 했지요.

　아이들은 〈뉴욕 타임스〉를 읽지 않고서는 식탁에 앉지 못했어요. 자리에 앉을 때에도 토론을 잘하는 아이와 못하는 아이를 나누어서 앉게 했습니다. 서로 경쟁심을 갖도록 하기 위해서였습니다.

 어릴 때부터 토론하는 습관을 들이면 자연스럽게 토론 능력을 키울 수 있습니다. 토론 능력은 한순간에 얻어지지 않지요. 어릴 때부터 습관을 들이지 않으면 나중에 커서 토론 능력을 갖추려 해도 이미 때가 늦습니다.

 토론하는 습관을 들인 덕분에 케네디는 미국 역사상 가장 젊은 나이인 마흔세 살에 대통령이 될 수 있었습니다. 대통령 선거 운동이 막 시작되었을 때에는 케네디가 닉슨에게 질 것이 뻔해 보였습니다. 그러나 케네디는 대통령 선거를 얼마 앞두고 열린 텔레비전 토론에서 국민의 마음을 사로잡았습니다. 이 토론을 지켜본 많은 국민이 닉슨에게서 마음을 돌려 케네디를 대통령으로 선택했습니다.

시간 절약을 위한 속독법

흔히 현대는 정보화 사회, 무한 경쟁의 사회라고 합니다. 경쟁에서 이기려면 우선 정확한 정보를 찾고, 정보를 빠르게 분석하고 판단할 수 있어야 하지요. 케네디는 대통령에 당선되어 업무를 볼 때 서류를 자세하게 읽고 결재하기로 유명했습니다. 그 많은 서류를 빠짐없이 읽을 수 있었던 것은 케네디의 책 읽는 속도가 빨랐기 때문입니다. 이런 독서 능력 때문에 지식과 정보를 많이 입수할 수 있었고, 이를 바탕으로 힘있는 정치를 할 수 있었습니다.

케네디처럼 흥미로운 기사를 읽고 식사 시간에 가족들과 토론한다면 더없이 훌륭한 공부가 될 수 있습니다. 신문은 자신의 생각을 키우는 데 좋은 자료인 셈이지요. 또한 신문을 보면 몰랐던 세상일과 많은 사람들의 다양한 주장을 알 수도 있습니다.

도중에 싫증 나는 일도 최선을 다한다

케네디가 성공할 수 있었던 또 다른 비결은 어린 시절부터 공부뿐만 아니라 운동을 열심히 했다는 것입니다. 어머니 로즈는 네 아들과 다섯 딸에게 독서와 신문 읽기, 운동 등을 골고루 시켰습니다. 특히 네 아들에게는 미식축구·요트·테니스·수영·골프를, 다섯 딸에게는 춤·수영·골프 등을 배우게 했지요.

어린 시절에 부모님이 시키는 일들을 제대로 하는 아이는 많지 않습니다. 하지만 하기 싫어도 열심히 하면 언젠가는 부모님의 말씀이 옳았다는 것을 깨달을 때가 옵니다. 케네디 형제들은 부모님이 시키는 일을 대부분 잘 따랐지요. 이것이 케네디 집안의 전통이 되었습니다.

"어머니는 우리에게 수영, 테니스, 골프 등을 배우게 하셨어요. 싫증이 나고 귀찮아도 꾸준히 배운 덕분에 잘하게 되었지요. 지금에 와서 이러한 능력들은 소중한 재산이 되었어요. 사실 어려서부터 수영을 배우지 않았다면 태평양에서 전함이 침몰했을 때 다른 사람을 구하기는커녕 제 목숨도 건지지 못했을 거예요. 어머니가 시키신 일들은 나중에 여러 모로 도움이 되었어요."

케네디는 어린 시절 배운 수영 덕분에 제2차 세계 대전 때 가까스로 목숨을 건졌습니다. 태평양의 솔로몬 제도 앞바다에서 케네디가 탄 해군 함정이 일본군의 공격으로 침몰했습니다. 이때 케네디는 부상당한 부하가 입은 구명조끼를 입에 물고, 다른 부하들과 함께 태평양 바다를 4시간 동안 헤엄쳐 섬에 닿을 수 있었어요. 또한 부하들을 섬에 숨기고 아군의 배에 구조를 요청하기 위해 혼자 4킬로미터를 헤엄쳐 바다에 나갔다가 돌아오기도 했습니다.

결국 케네디는 부하들을 이끌고 여러 섬을 옮겨 다니며 구조를 요청한 끝에 구출되었고, 부하를 구한 케네디의 용감한 행동이 신문과 방송에 알려졌습니다.

사실 미국 대통령에 당선될 무렵 케네디는 잘 걸을 수도 없는 환자였습니다. 하버드 대학에 다닐 때 미식축구를 하다 넘어져 등뼈에 금이 간 적이 있습니다. 제2차 세계 대전에 참전했다가 솔로몬 제도 앞바다에서 배가 침몰해 헤엄치며 탈출할 때, 다친 그곳이 더욱 악화되었던 것이지요.

대통령 선거 운동을 할 때 등뼈가 너무 아팠습니다. 사람들이 보지 않을 때에는 목발을 짚고 다녀야 할 정도였지만 선거 운동을 결코 포기하지 않았고, 사람들 앞에서 환한 웃음을 짓는 여유를 보였습니다.

이런 케네디는 누구나 참고 열심히 노력하면 훌륭한 사람이 될 수 있다는 것을 보여 줍니다. 무슨 일이든 처음에 서툴러도 반복해서 연습하면 잘하게 되고, 잘하게 되면 자신감이 생깁니다. 자신감이 생기면 싫어하던 일도 좋아집니다. 또한 부지런히 연습하고 노력했을 때만이 자신의 분야에서 최고가 될 수 있습니다.

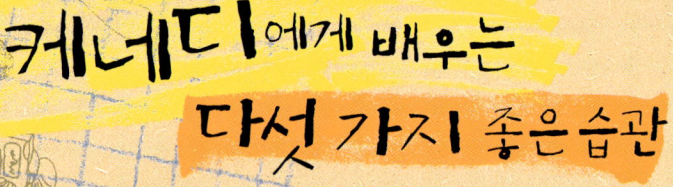

케네디에게 배우는 다섯 가지 좋은 습관

1. 반복해서 연습해 약점을 강점으로 만든다

케네디는 처음에는 연설에 서툴렀지만 반복해서 연습한 결과 최고로 연설을 잘하는 사람이 되었습니다. 무슨 일이든 처음부터 잘하는 사람은 드물지요. 서툴고 하기 싫은 일이어도 열심히 노력해 보세요. 시간이 지날수록 익숙해지고 자신감이 생깁니다. 처음부터 서툴다고 포기한다면 그 일은 영원히 내가 하지 못하는 일로 남을 것입니다.

2. 흥미 있는 주제를 가지고 부모님과 이야기를 나눈다

어린 시절 케네디는 신문을 읽고 토론하는 훈련을 했습니다. 이런 토론 능력을 바탕으로 텔레비전 토론에서 국민에게 좋은 인상을 주어 상대 후보를 누르고 대통령에 당선되었지요. 여러분도 신문이나 인터넷에서 본 기사를 가지고 부모님과 이야기를 나눠 보세요. 서로 의견을 나누면서 자연스럽게 토론 능력을 키울 수 있습니다.

3. 약속은 반드시 지킨다

케네디는 한번 정한 약속은 반드시 지키게 한 '식탁 교육' 덕분에 대통령이 되었다고 해도 지나친 말이 아닙니다. 약속을 지키지 않는 사람은 다른 사람에게 믿음을 줄 수 없습니다. 정치가에게 신뢰는 무척 중요한 덕목인데, 어린 시절부터 시간의 소중함을 깨닫고 약속을 반드시 지키는 케네디였기 때문에 국회의원이 되고 대통령이 될 수 있었지요.

4. 싫증이 나더라도 도중에 포기하지 않는다

케네디의 어머니는 성공하려면 공부뿐만 아니라 운동도 열심히 해야 한다고 생각했습니다. 케네디는 운동을 배우는 도중에 싫증이 나도 꾸준히 배운 덕분에 수영, 테니스, 골프 등을 잘하게 되었지요. 어린 시절 익힌 수영 덕분에 전쟁터에서 목숨도 건졌습니다. 운동, 음악, 미술 등에 싫증이 나더라도 꾸준히 배워 보세요. 훗날 큰 도움이 된답니다.

5. 큰 목표를 세운다

케네디 집안의 가훈은 '1등을 하라. 2등은 패배다.'라고 합니다. 1등을 하지 못하면 자식들이 식탁에서 밥을 먹지 못하게 할 정도였다고 합니다. 꼭 1등이 되라는 것이 아니라 최고가 되기 위해 그만큼 열심히 노력하라는 뜻이지요. 큰 목표를 세우고 노력하다 보면 어느 날 목표에 가까이 가 있는 자신을 보게 될 것입니다.

② 타이거 우즈에게 배우는 게임의 법칙

인생에 지름길은 없다

● 타이거 우즈 (1975~)

1984년 아홉 살에 '주니어 세계 선수권'에서 우승한 이래 숱한 아마추어 골프 대회와 프로 골프 대회에서 우승을 일구어 온 골프의 황제입니다. 1996년에 프로 골프 선수가 되어 2000년, 2001년에 걸쳐 세계 최고의 권위를 자랑하는 4개 메이저 대회(US 오픈, 브리티시 오픈, PGA 선수권, 마스터스)를 차례로 우승하는 기록을 세웠습니다. '타이거 우즈 재단'과 '타이거 우즈 학습 센터'와 다양한 자선 행사를 통해 어린이의 교육과 건강, 복지를 위해 힘쓰고 있습니다.

두 살에 시작한 골프

석공인 할아버지, 성공하지 못한 야구 선수 아버지, 그리고 세계 최고의 골프 선수 아들…….

3대 만에 드디어 큰 인물이 나왔습니다. 주인공은 바로 숱한 세계 골프 대회에서 우승을 휩쓸며 골프의 황제 자리를 지키고 있는 타이거 우즈랍니다.

타이거 우즈는 흑인 아버지와 태국인 어머니 사이에서 태어났습니다. 여섯 살 때만 해도 검은 피부색 때문에 백인 아이들에게 온갖 욕을 듣고 나무에 묶인 채 돌멩이를 맞았습니다. 아버지도 야구 선수 시절, 같은 팀 선수들이 묵는 호텔에서 함께 있지 못하고 흑인들만 묵는 호텔에 따로 묵는 수모를 겪었지요. 아들만큼은 차별과 수모를 겪게 하고 싶지 않았던 아버지는 타이거 우즈를 세계 최고의 골프 선수로 키웠습니다.

타이거 우즈는 두 살 때 골프채를 처음 잡았습니다. 차고에 그물을 처 놓고 골프공을 치던 아버지를 흉내 냈지요. 아버지는 타이거 우즈에게 골프를 시키려고 일부러 보는 앞에서 골프를 쳤습니다.

어느 날 타이거 우즈가 골프 연습을 하다가 아버지에게 물었습니다.

"많은 운동 중에 왜 하필 골프를 시켰어요?"

"깊은 뜻이 있어 골프를 시켰단다."

"깊은 뜻이 뭔데요?"

"내가 한때 잘 나가던 야구 선수였잖니?"

"저도 아버지를 닮아 야구를 잘했을 거예요."

"부모는 누구나 자식이 행복하게 살기를 바란단다. 내가 당한 설움을 너만은 겪게 하고 싶지 않았단다."

"야구를 하면서 무슨 일을 겪었는데요?"

"네가 좀 더 자라 이해할 수 있을 때 들려주마."

인종의 벽을 뛰어넘다

지금은 많이 나아졌다고 해도 미국에는 아직까지 인종 차별이 남아 있습니다. 타이거 우즈의 아버지가 아들에게 골프를 시킨 것도 흑인으로 겪은 설움 때문입니다.

타이거 우즈의 할아버지는 열성적인 야구팬으로 메이저 리그에서 뛰는 모든 선수의 이름과 기록을 꿰고 있었습니다. 타이거 우즈의 아버지 또한 흑인 최초로 대학 야구 선수권 대회에서 활약했을 정도로 재능 있는 야구 선수였지요. 그런 열정이 타이거 우즈에게 그대로 전해졌습니다.

그런데 아버지는 야구 선수로 이름을 날리지 못하고 직업 군인이 되었습니다. 백인들이 흑인들을 차별하기 때문이었지요. '흑인은 역사를 쓰지 못한다. 미국에서는 오직 백인만이 역사의 주인공일 뿐이다.'라고 생각한 아버지가 택한 길은 직업 군인이었습니다.

직업 군인은 인종 차별을 덜 받았습니다. 아버지는 눈물을 글썽이며 타이거 우즈에게 말했습니다.

"군대에서는 피부색이 희든 검든 같은 장교일 뿐이야. 그나마 미국에서 인종 차별이 적은 곳이 군대야. 떳떳하게 겨룰 수 있고 열심히 노력하면 바라는 것을 얻을 수 있지."

세상의 모든 부모처럼 타이거 우즈의 아버지도 아들이 더 나은 사회생활을 하고 노력한 만큼 대가를 받고 성공한 삶을 살기를 바랐습니다. 아버지는 골프야말로 인종 차별을 받지 않고 할 수 있는 운동이라 여겼습니다.

"난 야구 선수로 뛰면서 흑인이라는 이유로 동료 백인 선수들에게 멸시와 수모를 겪어야 했단다. 그런데 골프는 혼자서 하는 운동이라 백인들에게 차별받을 일도 없지. 오직 자신의 실력만으로 평가받는 운동이라고 생각해서 너에게 골프를 시켰단다."

초등학교에 들어가자 아버지는 타이거 우즈에게 골프를 시킨 '깊은 뜻'을 말해 주었습니다. 타이거 우즈는 흑인 선수로서 차별을 받아야 했던 아버지의 마음을 헤아리자 금방이라도 울음이 터질 것만 같았습니다.

"아버지의 깊은 뜻을 마음 깊이 새겨 꼭 훌륭한 선수가 될게요. 아버지가 못 다 이룬 꿈을 제가 이루어 드릴게요. 백인 선수들의 콧대를 납작하게 하겠어요, 두고 보세요!"

계획된 골프 선수

타이거 우즈는 아주 어릴 때부터 아버지가 골프 연습을 하는 것을 보며 자랐습니다. 아버지는 어린 아들이 자연스럽게 골프에 호기심을 갖기를 바랐지요.

어린 타이거 우즈는 야구 방망이나 골프채가 보이기만 하면 자연스럽게 쥐고 흔들었습니다. 어느 날엔 아버지에게 다가와 "이게 뭐하는 거예요?"라고 물었습니다. 골프에 열심인 아버지를 보면서 저절로 골프에 눈뜬 것입니다.

타이거 우즈는 지금껏 아버지에게 '실패'라는 말을 들어 본 적이 없습니다. 아버지는 언제나 긍정적인 말을 해 주었지요.

"스윙이 어쩌면 그렇게 힘찰까. 머지않아 엄청난 장타를 날리겠는걸."

아버지는 아들이 골프채를 휘두르는 모습을 지켜보며 말하곤 했습니다. 타이거 우즈의 장타의 비결은 어린 시절부터 아버지에게 들은 '덕담' 덕분이지요.

타이거 우즈는 어릴 때 매일 오후가 되면 아버지 직장에 전화를 걸어 골프 연습장에 같이 갈 수 있느냐고 물었습니다.

"아버지, 오늘 아버지랑 연습할래요!"

그때마다 아버지는 시간을 끌다 "좋아."라고 대답했습니다. 타이거

우즈는 골프 연습장에 갈 때마다 신이 났습니다. 훗날 타이거 우즈는 그때를 떠올리며 말했습니다.

"아버지가 시간을 끈 것은 다 이유가 있었어요. 제가 골프를 치고 싶은 마음이 간절해질 때까지 아버지는 항상 기다렸어요. 공부도 마찬가지잖아요. 공부할 마음이 자리 잡지 않았는데 무조건 공부하라고 시키면 건성으로 하게 되니까요. 아버지는 그 반대로 나서서 강요하기보다 밀어 주고 이끌어 주는 역할에 충실했던 거지요. 아버지가 골프를 강요했더라면 오늘날 제가 최고의 골프 선수가 될 수 없었을 거예요."

아버지가 직장 일을 제쳐 두고 연습장에 간 또 다른 이유는 타이거 우즈 곁에 늘 아버지가 있고 언제나 아들 편이라는 강한 인상을 심어 주기 위해서였습니다. 이는 곧 아버지에 대한 존경심으로 이어졌지요.

타이거 우즈는 다음과 같이 아버지를 떠올렸습니다.

"골프가 마음대로 되지 않아 화가 날 때면 아버지는 인생의 앞길에 놓인 도전을 헤쳐 나가려면 준비성이 얼마나 중요한가를 일깨워 주었어요. 미리 준비하면 어떤 어려움도 두려워하지 않고 부딪칠 수 있다는 것을 깨달았지요. 아버지는 골프를 통해 인내심을 가르쳐 주었어요."

타이거 우즈의 아버지는 아들에게 "인생에 지름길은 없다."며 인내심을 가지고 끊임없이 연습해야만 세계 최고의 선수가 될 수 있다고 가르쳤던 것입니다.

정신력이 강한 승부사

타이거 우즈가 정신력이 강한 선수로 자란 데는 어머니의 공이 큽니다. 아버지가 강한 체력과 기술을 키워 주었다면 어머니는 강한 정신력과 인내심을 가르쳐 주었지요. 교관 출신인 아버지가 골프 동작, 체력 단련, 상황별 대처 요령을 가르쳤다면 어머니는 정신력, 승부에 임하는 자세, 적극적 태도를 다듬어 주었습니다. 어머니를 두고 타이거 우즈는 농담처럼 말했습니다.

"지금껏 단 한 번도 매를 들지 않은 아버지와 달리 어머니는 늘 제 엉덩이를 때렸어요. 아직도 손자국이 남아 있을 정도예요."

타이거 우즈의 어머니는 아들을 거칠고 강한 승부사로 만들었습니다. 매서운 사랑의 매로 가르쳤지요. 백인 위주의 사회에서 살아남으려면 그들을 이겨야 한다며 경쟁심과 승부 근성을 자극했습니다.

"어머니는 골프를 한다고 대충 공부하게 놔두지 않았어요. 골프보다 늘 학교 공부를 먼저 하게 했지요. 숙제를 끝내야 친구와 놀 수 있고 골프 연습이나 시합을 할 수 있었어요."

한번은 어머니가 이런 말을 했습니다. "잘 나가는 운동선수도 언제 선수 생명이 끝날지 몰라. 교육을 제대로 받으면 운동이 아니더라도 언제라도 사회에 이바지할 수 있어. 선수 생활을 못 하더라도 다시 일

어서 다른 인생을 살 수 있지."

이는 타이거 우즈의 인생에 지침이 되었습니다. 지금도 골프 선수로 최고의 전성기를 누리고 있지만 항상 미래를 준비하고 있지요.

타이거 우즈의 어머니는 아들에게 아버지보다 더 엄격했습니다. 어느 대회에서 타이거 우즈가 실수해 화가 나 골프채를 내던졌지요. 그러자 어머니가 곧바로 감독관을 불러 아들에게 2타의 벌칙을 주라고 말했습니다. 타이거 우즈는 화가 나 "엄마!" 하고 외쳤지요. 그러자 어머니가 말했습니다. "조용히 해! 골프채가 무슨 죄가 있니? 공은 네가 잘못 쳐 놓고 어디에다 화풀이하는 거야!"

그 뒤로 타이거 우즈는 아무리 공을 잘못 쳐도 화를 내는 일 없이 차분한 마음으로 경기에 집중했습니다. 어머니의 가르침이 현재의 타이거 우즈를 있게 한 든든한 버팀목이 되었지요.

열정으로 이끌어 낸 최고의 성격

타이거 우즈의 아버지는 타이거 우즈가 태어난 다음해인 마흔두 살에야 골프를 배웠습니다. 타이거 우즈에게 골프를 가르치기 위해서였지요. 아버지는 야구 선수 출신으로 운동 감각이 뛰어나 금세 골프를 잘할 수 있었습니다. 아버지는 이렇게 말했습니다.

"아이에게 운동을 시키려면 자연스럽게 이끌어야 해요. 부모가 골프를 잘 친다면 아이가 보는 앞에서 멋진 동작을 보이는 것도 좋은 방법이에요. 서툴다면 안 하는 편이 나아요. 나쁜 버릇이 들면 고치느라 고생하거든요. 또 억지로 운동을 시키면 나쁜 결과를 낳기 쉬워요. 하고 싶은 마음이 우러나 신나게 운동해야 성공할 수 있지요."

아버지는 타이거 우즈를 운동만 잘하는 선수가 아니라 예의 바른 사람으로 키우려고 노력했습니다. 운동선수 중에 '버릇없는 악동'이 많기 때문이지요. 그래서인지 타이거 우즈는 다른 어떤 선수보다 예의 바르고 모범적인 선수로 알려져 있습니다.

아버지와 타이거 우즈의 관계에서 아버지의 '열정'을 엿볼 수 있습니다. 타이거 우즈가 인생 목표를 이룰 수 있도록 아버지는 늘 옆에서 지켜보면서 열정으로 이끌어 최고의 성적을 냈습니다. 뚜렷한 목표와 그 목표를 이루려는 열정을 갖도록 다독이고, 자신이 바라는 것을 위해 어떤 노력을 기울여야 하는지 스스로 찾게 했지요. 이런 아버지의 열정이 타이거 우즈에게 전해져 목표를 이루기까지 부딪치는 온갖 어려움을 이겨 낼 수 있는 강한 의지를 불러일으켜 주었습니다.

아버지는 타이거 우즈가 자연스럽게 역할 모델을 따르도록 이끌었습니다. 골프계의 영웅인 잭 니클라우스의 기록을 아들 방 침대 벽에

다 붙여 주어 꿈을 키우게 했지요. 일부러 골프 연습장에서 다른 사람과 잭 니클라우스에 대해 큰소리로 이야기를 나누기도 했습니다. 잭 니클라우스가 대단한 선수임을 타이거 우즈에게 자연스럽게 알려 주기 위해서였지요.

또한 아버지는 타이거 우즈에게 결코 경기하는 중간에 그만두어서는 안 된다고 입버릇처럼 말했습니다. "경기하는 도중에 그만두기는 쉽다. 하지만 그것은 다음 경기에 영향을 미친단다. 경기 도중에 포기하면 결국 골프 선수로 다시 일어서기 어려워. 성적이 좋지 않거나 몸 상태가 나쁘더라도 끝까지 경기를 마치도록 해."

타이거 우즈는 "인생에 지름길은 없다."는 말을 가슴에 새겨 대회에 나가기 전에 끊임없이 연습하고, 대회에 나가서는 매 순간마다 강한 정신력으로 최선을 다했기 때문에 '골프 황제'로 우뚝 설 수 있었습니다.

실패는 다음을 준비하고 성공할 수 있는 기회!

타이거 우즈의 골프 실력은 누구나 인정하는 것이지만 그의 최고의 무기는 강한 정신력이라는 평가를 받습니다. 뛰어난 골프 실력을 가진 타이거 우즈도 경기 도중 실수를 할 수 있습니다. 그러나 다른 선수라면 흔들릴 수 있는 상황에서도 타이거 우즈는 냉정함을 찾고 자신의 본래 실력으로 돌아올 수 있는 강한 정신력을 지녔지요. 한 번의 실패에 좌절하지 않고 실패를 경험 삼아 다음을 준비할 수 있는 정신력을 지녔기 때문에 좋은 성적을 거두는 것입니다.

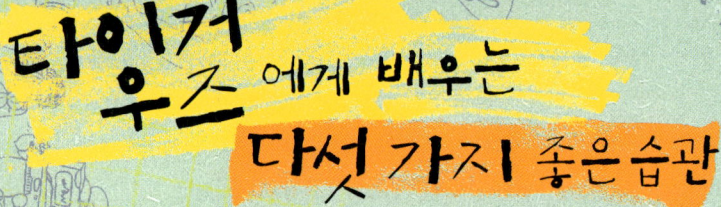

타이거 우즈에게 배우는 다섯 가지 좋은 습관

1. 끝까지 최선을 다한다

타이거 우즈의 아버지는 아들에게 경기하는 도중에 그만두어서는 안 된다고 했습니다. 그러면 다음 경기에 큰 영향을 미치기 때문입니다. 경기나 일이 안 풀리고 힘들다고 포기하다 보면 나중에는 그것이 고치기 어려운 버릇이 됩니다. 조금만 힘들거나 마음에 들지 않더라도 금세 그만두게 되지요. 어떤 일이든 도중에 그만두면 성공하기 어렵다는 점 잊지 마세요.

2. 어려운 때일수록 차분한 마음을 갖는다

어느 대회에서 타이거 우즈는 실수를 하자 골프채를 내던졌습니다. 어머니는 곧바로 감독관을 불러 2타의 벌칙을 주라고 말했습니다. 그 뒤로 타이거 우즈는 아무리 공을 잘못 쳐도 흥분하는 일 없이 차분한 마음으로 경기에 몰두했습니다. 흥분하면 경기를 망치기 쉽기 때문이지요. 어려운 때일수록 차분한 마음을 갖도록 노력해 보세요. 일이 훨씬 잘 풀릴 것입니다.

3. 인생에 지름길은 없다

타이거 우즈는 이 말을 "골프에 지름길은 없다."는 사실로 받아들이고, 평소 끊임없이 연습하는 것으로 유명합니다. 경기에서 단 한 차례 일어날 상황을 대비해 두세 달 동안 수천, 수만 개의 공을 친다고 합니다. 그런 연습과 노력이 있었기에 세계 정상의 자리를 지키고 있는 것입니다. 무슨 일이든 거저 이루어지지는 않습니다. 계획을 세우고 차근차근 준비했을 때만 좋은 결과를 얻을 수 있습니다.

4. 경쟁심과 승부 근성을 기른다

초등학교 시절 타이거 우즈는 훌륭한 골프 선수가 되어 백인 선수들의 콧대를 꺾어 놓겠다고 다짐했습니다. 그런 마음과 의지가 없었다면 그는 세계 최고의 골프 선수가 될 수 없었을 것입니다. 이 세상을 살아가는 데 양보와 협력도 필요하지만, 선의의 경쟁을 벌일 때는 우선 상대방을 이기겠다는 강한 의지가 있어야 행동이 뒤따르게 됩니다.

5. 공부를 열심히 하더라도 운동을 소홀히 하지 않는다

어릴 때부터 타이거 우즈는 골프를 한다고 공부를 소홀히 해서는 안 된다는 가르침을 받았습니다. 그 반대로 여러분은 공부를 열심히 하더라도 운동에 소홀해서는 안 됩니다. 미국이나 영국의 명문 학교에서는 운동은 매 학기 필수 과목으로 정해져 있습니다. 운동을 통해 공정하게 경쟁하는 정신과 태도, 단결력과 협동심, 배려 등을 배울 수 있기 때문입니다.

③ 워렌 버핏에게 배우는 인내의 정신

눈앞의 이익에 만족하지 말고 큰 미래를 위해 도전하라

● 워렌 에드워드 버핏 (1933~)

세계 증시의 큰손, 투자의 신으로 불립니다. 코카콜라, 질레트, 아메리칸 익스프레스, 갭, 워싱턴 포스트, 월트 디즈니 등 세계적으로 손꼽히는 기업들의 최대 주주입니다. 버크셔 해서웨이 그룹의 회장으로, 2008년에는 미국의 경제 잡지 〈포브스〉가 뽑은 세계 최고의 부자에 올랐습니다. 재산의 85퍼센트를 사회에 내놓겠다고 밝혀 화제를 모으기도 했습니다.

인내가 최고의 투자전략

"식료품점을 하는 그리 넉넉하지 않은 가정에서 태어난 소년이 어릴 때부터 신문을 돌려 스무 살 무렵 혼자 힘으로 1만 달러를 모았습니다. 주식 시세나 움직임에 관심이 많아 투자를 일생의 직업으로 삼았고, 1만 달러로 투자를 시작해 620억 달러로 만들었습니다. 그가 바로 세계 증시의 큰손, 투자의 신으로 불리는 워렌 버핏입니다."

한 책에서 뛰어난 투자가인 워렌 버핏을 이렇게 소개했습니다.

버핏을 세계 최고의 부자로 만들어 준 사람은 바로 아버지 하워드 버핏입니다. 주식 중개업을 하다 부모님의 도움 없이 혼자의 힘으로 국회의원이 된 인물로 버핏이 어릴 때 주식에 눈뜨게 해 주었지요.

버핏이 태어난 해는 뉴욕 주식 시장의 대폭락으로 시작된 대공황으로 고생하던 시절이었고, 다음해 증권 회사를 다니던 아버지도 직장을 그만두게 되었습니다. 버핏의 아버지는 친구와 증권 회사를 차렸지만 예상과 달리 수입이 적었고, 그리하여 버핏은 어린 시절을 풍족하게 지낼 수 없었습니다. 하지만 버핏의 아버지는 생활이 어려워도 양심에 따라 사는 도덕적인 사람이었고, 그런 아버지의 영향으로 버핏 또한 성공한 뒤에도 평생 사치스러운 생활을 멀리했습니다. 지금도 직접 운전을 하고 차를 한번 사면 10년 정도 타지요. 50년 전 3만 달러를 주고 산 집에서 여전히 살고 있을 정도로 생활이 검소하기로 유명합니다.

　버핏은 일찍부터 사업 감각을 발휘했습니다. 할아버지가 네브래스카 주 오마하에서 식료품점을 운영했는데 어린 버핏은 6병들이 콜라를 25센트에 사들여 한 병을 5센트에 팔아 남은 돈을 챙겼습니다. 특히 주식 중개업을 하던 아버지의 영향을 받아 열한 살 때 이미 주식을 사고팔았지요. 버핏은 아버지 회사를 드나들며 주식 시세에 관심을 가졌습니다.

"생일 선물로 주식을 20달러어치 사서 통장을 만들어 줄 테니 직접 맡아서 관리해 보렴."

"정말이세요? 제 통장을 갖게 되다니 너무 신나요."

"단 조건이 있단다. 앞으로 5년 동안 주식을 팔아서는 안 된다. 주식은 한번 사면 적어도 5년은 가지고 있어야 이익을 얻을 수 있단다. 하루 만에 샀다 팔 수도 있지만 손해 보기 쉽단다. 돈은 쫓아가면 더 멀리 달아나 버려. 내 말을 잊지 마라."

아버지가 여섯 살 때 처음 만들어 준 20달러짜리 통장이 5년 후에 120달러가 되었습니다. 열한 살 때 이 돈으로 38달러짜리 주식을 3주 샀습니다. 첫 주식 투자였지요. 주가가 27달러까지 떨어져 조바심도 났지만 참고 기다렸더니 다시 주식 값이 올랐습니다. 그런데 그만 아버지의 말을 잊고 5달러 정도 주가가 올라가 팔았는데 팔자마자 200달러까지 치솟았지요. '주식 투자에는 참을성이 필요하다.'는 교훈을 새삼 얻었지요.

'앞으로는 주식을 사서 짧은 기간 안에 팔지 말자. 살 때 조심스럽게 사고 오랫동안 지니자. 눈앞의 작은 이익에 흔들리지 말아야 해.'

아버지가 선물한 20달러 통장이야말로 오늘날 620억 달러에 이르는 부를 쌓게 한 출발점이었습니다. 버핏은 가능하면 아버지의 말대로 한번 사면 짧은 기간에 팔지 않는 투자 원칙을 지켰습니다.

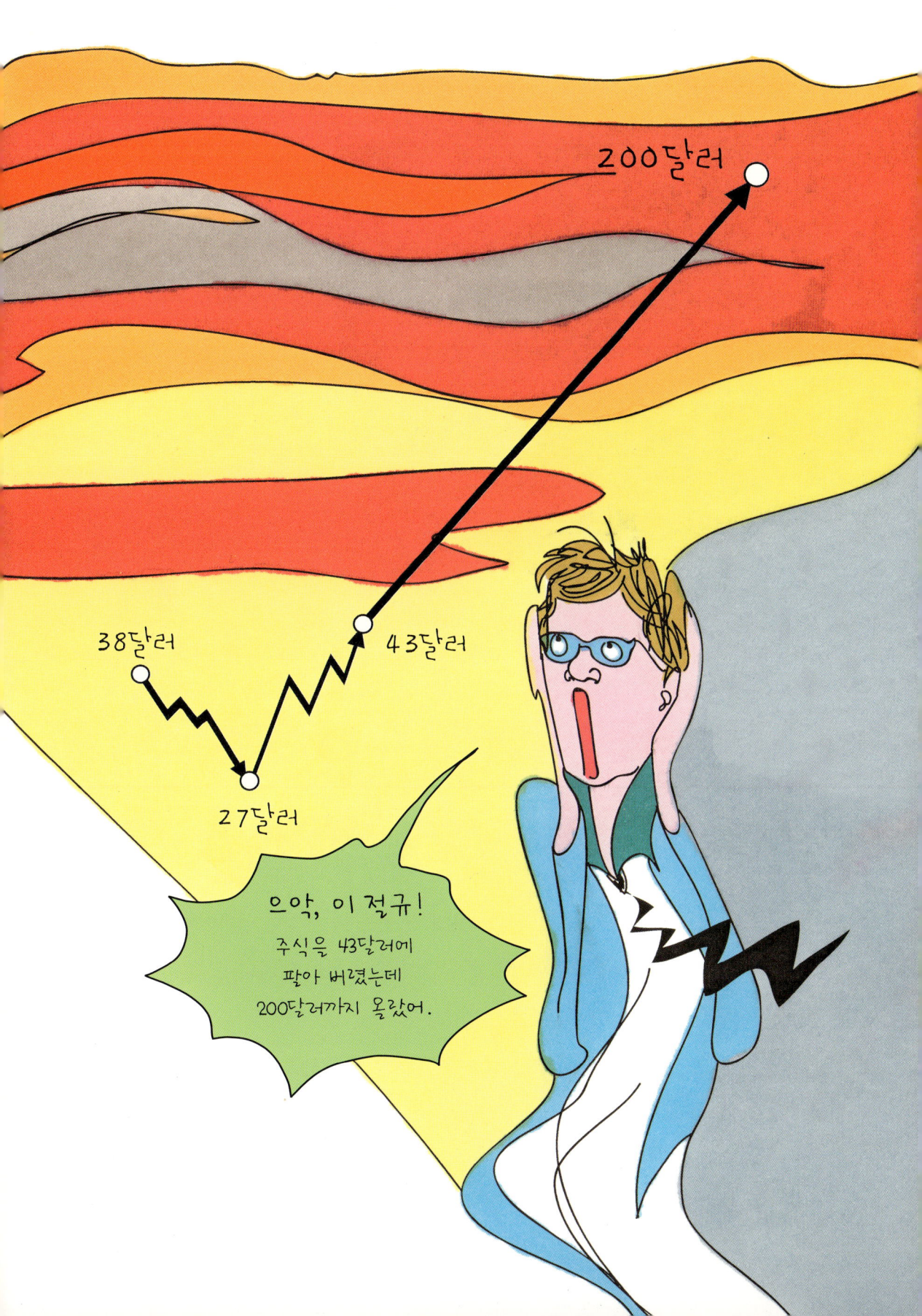

경제적 자립심을 키운 소중한 경험

어린 시절부터 주식 투자를 할 정도로 사업 능력을 가진 버핏은 특히 숫자 감각이 뛰어났습니다. 야구나 경마 결과 등의 숫자를 정확하게 기억했습니다. 이런 능력을 바탕으로 친구와 함께 〈마구간지기 소년의 선택〉이라는 경마 정보지를 만들어 경마장에서 팔았지요.

버핏이 열세 살 때 아버지가 국회의원에 당선되어 가족들이 워싱턴으로 이사를 했습니다. 그곳에서 학교생활에 적응하지 못하고 방황하다 신문을 돌리기 시작했습니다.

"새벽에 신문을 돌리고 싶어요. 일찍 일어나는 습관도 기르고 돈도 벌 수 있잖아요."

아버지가 흔쾌히 허락해 버핏은 열네 살 때 신문 배달로 매달 175달러를 벌었습니다. 당시 일반 회사의 신입 사원이 받는 월급 정도 되는 돈이었지요.

여기서 교훈으로 삼을 것은 바로 어린 시절 돈의 중요성을 직접 느껴 보는 것입니다. 돈을 벌어 보지 않으면 돈을 버는 것이 얼마나 힘든지 알지 못합니다. 혼자 힘으로 돈을 벌어 보면 돈이 얼마나 소중한지 느낄 수 있습니다.

워렌 버핏과 빌 게이츠의 아버지는 국회의원과 변호사였지만 어린 시절 아이들이 돈을 버는 것을 말리지 않았습니다. 경제적 자립심을 키워 주고 싶었기 때문이지요.

버핏에게는 신문을 돌리는 비법이 있었습니다. 고객이 보던 신문을 끊으려 하면 경쟁 신문을 권해 판매 부수를 유지시켰지요.

버핏은 신문을 돌려 번 돈을 모두 모았습니다. '세금은 사회적 불평등을 바로잡을 수 있는 제도적인 장치'라고 생각해 직접 세무서에 가서 소득 신고도 했지요. 그 생각은 세계적인 부자가 된 지금도 변함없습니다. '번 만큼 사회에 돌려준다.'는 자신의 생각을 지키려고 애쓰지요.

버핏은 아버지의 권유로 금융 분야에서 이름을 떨친 펜실베이니아 대학의 와튼 스쿨에 들어갔습니다. 하지만 이미 경제 관련 책을 많이 읽어 학교 공부에 흥미를 갖지 못했지요. 학교 대신 날마다 필라델피아 시내에 있는 증권 회사에서 시간을 보냈습니다.

또 우드로 윌슨 고등학교 친구로 그 학교를 1등으로 졸업한 도널드 데인리와 다시 친하게 지내기 시작했습니다. 빌 게이츠에게 마이크로소프트 사 공동 창업자 폴 앨런과 경영의 귀재 스티브 발머가 있었듯 그에게는 데인리가 있었지요. 데인리와 함께 버핏은 핀볼 기계와 자동차를 빌려 주는 사업을 했습니다.

학교에서는 더 이상 배울 것이 없다고 여긴 버핏은 고향인 오마하로 돌아가 지역 신문인 〈링컨 저널〉 배달 사업에 뛰어들었습니다. 배달 소

1951년 　　　　　1976년 　　　　　　　　2008년

년 50명을 뽑아 신문 배달 회사를 만들었지요. 또 골프공 판매 사업을 시작해 1만 달러를 모았습니다.

버핏은 1만 달러를 종자돈으로 삼아 본격적으로 주식에 투자했습니다. 아버지의 말대로 짧은 기간에 주식을 팔지 않는 원칙을 지켜 25년 뒤에 그 돈이 무려 9백만 달러에 달했지요. 50년이 지난 지금 1만 달러는 무려 620억 달러가 되어 세계 최고 부자가 되었습니다. 어릴 때부터 신문을 돌려 만든 종자돈 1만 달러로 세계 최고의 부자가 된 것이지요. 지금도 버핏은 다음과 같은 투자 원칙을 지키고 있습니다.

> 규칙 제1조 : 돈을 잃지 마라.
> 규칙 제2조 : 규칙 제1조를 잊지 마라.

버핏이 돈을 잃지 않는 것은 주식을 사면 짧은 기간에 팔지 않고 장기간 지니는 원칙을 지키기 때문입니다. 아직도 1960년대에 산 주식을 가지고 있지요. '한번 산 주식은 좀처럼 팔지 않는다.'는 바위 같은 뚝심이 바로 돈을 잃지 않는 최고의 비법입니다. 좋은 회사의 주식을 싼 가격일 때 사서 오랫동안 지니면 주가는 올라갑니다. 좋은 회사를 알아볼 수 있는 안목이 중요하지요.

버핏은 아이들이 부자 부모에게 물려받은 재산을 '부자들의 푸드 스탬프(Food Stamp, 미국 정부가 가난한 사람들에게 지원하는 식료품 교환권)'라고 부릅니다. 푸드 스탬프를 많이 물려줄수록 아이들은 인생을 헛되게 보낼 가능성이 크지요. 배가 부르면 도전 정신이 나오지 않습니다. 창조적인 일이나 의미 있는 일을 찾지 않아도 평생 사용할 돈이 얼마든지 쌓여 있기 때문이지요.

버핏은 재산의 85퍼센트 이상을 사회에 내놓고 자식들에게 결코 많은 재산을 물려주지 않을 계획이라고 합니다. 많은 재산을 물려주는 것이 자식들을 위해 그다지 좋은 일이 아니라고 생각하기 때문이지요.

투자 성공의 기본은 신문 읽기

2008년 5월 워렌 버핏이 운영하는 투자 회사의 주주 총회가 미국 오마하에서 열렸습니다. 버핏은 주주들에게 주식 투자에 성공하려면 젊었을 때 좋은 경제 습관을 들이는 것이 중요하고, 특히 어려서부터 신문의 경제 기사를 읽는 것이 중요하다고 말했습니다.

다음은 신문에 실린 워렌 버핏과 주주들의 대화입니다. 어떻게 하면 부자가 될 수 있을지 답을 얻을 수 있지요.

"부모로서 아이들에게 절약이나 경제 문제에 대해 이야기해 주고 싶은데, 효과적인 방법을 알려 주세요."

"아이들은 부모를 따라 하게 마련입니다. 부모가 미래를 내다보고 자신의 길을 간다면 아이들도 그럴 거예요. 번 돈을 다 쓰는 건 바보짓이지만 지나친 절약에는 찬성하지 않아요. 올바른 소비 습관을 가져야 하지요. 예를 들어, 디즈니랜드에 여행을 가는 것처럼 가족들과 추억을 쌓는 데 돈을 쓰는 것은 나쁘지 않아요."

"초등학교 5학년인데 어떻게 하면 학교에서 배우지 않는 많은 것을 알 수 있나요?"

"요즘엔 사람들이 별로 신문을 읽지 않는데 매일 신문을 읽는 것이 좋아요. 세상에서 벌어지는 일은 물론 자신이 관심 있는 분야의 소식을 알 수 있으니까요. 지금부터 신문을 읽는 습관을 가져 보세요. 많이 읽을수록 많은 정보를 얻을 수 있어요."

"저는 교사인데 반 학생들에게 경제적 책임에 대해 가르치기 위해 여러 연구를 하고 있습니다. 학생들에게 무엇을 말해 주면 좋을까요?"

"어릴 때 시간이나 물건의 소중함을 깨달으면 경제적 책임을 지는 어른으로 자연스럽게 성장할 수 있지요. 어릴 때 좋은 습관을 들이는 게 중요하다는 것을 일깨워 주세요."

명품을 입는다고 '명품 인재'가 되는 것은 아니다

노스페이스, 빈폴, 리바이스, 나이키……. 주변 아이들이 명품 브랜드 옷을 입거나 신발을 신고 다니면, 자신도 그렇게 하고 싶은 마음이 생길 수 있습니다. 부모님께 명품 브랜드 옷을 사 달라고 하면 사 줄 수도 있을 것입니다. 하지만 분수에 넘치게 값 비싼 명품만을 고집하는 것은 생각해 볼 문제입니다. 세계 최고의 부자인 워렌 버핏도 재산에 비해 아주 검소한 생활을 하고 있습니다. 또한 명품을 입는다고 '명품 인재'가 되는 것도 아닙니다. 겉모습보다는 마음을 가꾸고 학업에 열중해야 '명품 인재'가 될 수 있습니다. 부모님이 굳이 값비싼 옷을 사 주려고 한다면, 적당한 가격의 옷을 사고 남은 돈을 달라고 해 보세요. 그 돈을 저축을 했다가 꼭 필요할 때 사용하는 것도 현명한 경제 습관입니다.

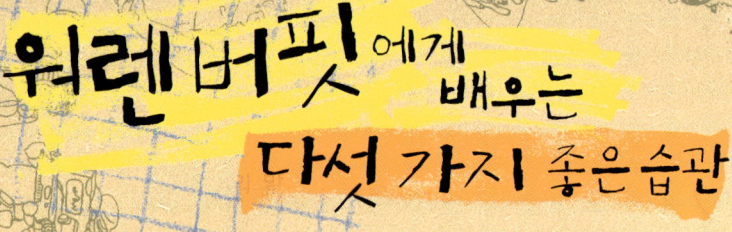
워렌 버핏에게 배우는 다섯 가지 좋은 습관

1. 할 수 있다는 자신감을 갖는다

투자와 같은 중요한 결정을 내릴 때 버핏은 회사 간부들에게 의견을 묻기보다 거울을 보고 자기 자신에게 묻는다고 합니다. 여러 의견을 모아 내리는 투자 결정은 다른 회사에서도 모두 하는 것이고, 그렇게 해서는 기발한 투자로 이익을 거두지 못한다고 합니다. 버핏이 그렇게 혼자 결정할 수 있는 것은 철저하게 자신을 믿기 때문입니다. 무슨 일에서든 할 수 있다는 용기와 자신감을 가지면 결과는 처음 생각했던 것보다 훨씬 좋은 성과를 거두게 됩니다.

2. 독서 후에 반드시 그 책의 내용을 정리한다

버핏은 고등학교를 졸업할 때까지 엄청난 양의 책을 읽었습니다. 지금도 아침에 일어나 사무실에 도착하면 책을 읽기 시작하고, 집에 돌아와서도 책을 읽는다고 합니다. 새로운 정보가 곧 사업의 성공을 뜻하는 주식 시장에서 독서는 워렌 버핏에게서 떼어 놓을 수 없는 것이지요. 여러분도 책을 가까이하고, 책을 읽은 다음에는 반드시 그 책의 내용을 간단하게나마 정리하는 습관을 들여 보세요. 그러면 어떤 글이나 사물을 이해하고 분석하는 것뿐 아니라, 평소 어떤 일에 판단을 내리고 의견을 펼치는 데에도 큰 도움이 됩니다.

3. 스스로 열심히 공부한다

버핏은 물론, 빌 게이츠도 재산의 90퍼센트 이상을 사회에 내놓고 자식들에게 많은 재산을 물려주지 않을 계획이랍니다. 자식에게 큰돈을 물려주면 창의적이고 독립적인 사람이 될 수 없다는 것이 이들의 생각입니다. 장래에 부모님의 재산을 물려받지 않고 자립하려면 사회에서 원하는 유능한 인재가 되는 수밖에 없습니다. 학생 시절에 모르는 것은 알려고 하고, 부모님이 굳이 시키지 않아도 스스로 열심히 공부하면 장래에 유능한 인재가 될 수 있습니다.

4. 집안일을 거들어 직접 용돈을 번다

어린 나이에 버핏은 신문을 돌리는 것을 비롯해 여러 가지 일을 경험했습니다. 돈의 소중함과 가치를 느끼기 위해서였습니다. 어른들이 얘기해 주거나 책을 읽어서 돈의 소중함과 가치를 아는 것과 자신이 직접 돈을 벌어 봄으로써 깨닫는 것은 하늘과 땅처럼 큰 차이가 납니다. 시간을 정해 놓고 꾸준히 방 청소 등을 한 대가로 부모님께 용돈을 타 보세요. 땀 흘려 일한 대가로 돈을 벌면, 그 돈을 어떻게 쓰고 저축할지 계획까지 세우게 될 것입니다.

5. 적은 돈도 소중하게 여긴다

버핏은 세계 최고 부자이지만 바닥에 떨어진 1센트짜리 동전을 주우면서 "이것이 또 다른 10억 달러의 시작."이라고 여깁니다. '티끌 모아 태산'이라는 말이 있듯이 적은 돈을 소중하게 여기는 자세가 오늘날 버핏을 세계 최고의 부자로 만들었습니다.

4 톨스토이에게 배우는 자기 성찰

일기를 쓰며
반성하고 계획하고
목표를 세워라

● 레프 니콜라예비치 톨스토이 (1828~1910)

러시아 문학을 대표하는 세계적인 소설가이자 사상가로 《부활》, 《전쟁과 평화》, 《안나 카레니나》 등 수많은 작품을 썼습니다. '톨스토이 학교'를 세워 가난한 농민 자녀들이 자유로운 분위기에서 자발성과 창조성을 키워 나가도록 한 교육가이기도 합니다. 톨스토이가 위대한 인물, 세계적인 소설가이자 사상가로 우뚝 설 수 있었던 것은 '일기 쓰기'라는 작은 습관에서 비롯되었습니다.

불행했던 어린 시절

 "나는 대체 누구인가? 대령이던 한 남자의 네 아들 중 한 명으로 태어나, 아홉 살 때 고아가 되어 다른 사람에게 맡겨졌다. 제대로 된 교육을 받지 못한 채, 열일곱 살 때부터 별다른 재산도 사회적인 지위도 이렇다 할 의지처도 없이 스스로 모든 일을 알아서 해야 했다. 하는 일마다 최악의 결과였으며, 젊은 시절을 희망도 즐거움도 없이 보내다가, 도망치듯 홀로 카프카스로 떠난 그러한 사람이다."

 이처럼 자기 자신을 별 볼일 없는 사람이라고 일기에 쓴 이 사람은 도대체 누구일까요? 아마도 세상에 이름조차 남기지 못한 사람으로 생각하기 쉬울 거예요. 하지만 놀랍게도 이 사람은 소설가이자 사상가인 러시아의 레프 니콜라예비치 톨스토이입니다.

 톨스토이는 훌륭한 집안에서 태어났지만 열 살이 되기도 전에 어머니와 아버지가 모두 세상을 떠났습니다. 할머니마저 얼마 뒤 돌아가셨지요. 고아가 된 톨스토이 형제는 작은어머니 집에서 살았습니다.

'불행하기만 한 이 시절이 빨리 지나갔으면 좋겠어. 아, 나는 왜 이렇게 불행한 걸까.'

어린 톨스토이는 자신의 삶이 너무 불행하다고 느끼면서 시간이 빨리 지나가기를 바랐습니다. 톨스토이는 자신에게 닥친 불행을 잊기 위해 자주 공상에 빠졌습니다. 공상 속에서는 명문가의 귀족답게 잘생긴 사내아이가 부모님과 함께 식탁에 둘러앉아 맛있는 음식을 먹곤 했습니다.

어머니는 톨스토이가 두 살 때 돌아가셔서 아무런 기억이 없었습니다. 형이 어머니에 대해 들려준 이야기를 자주 되새겼습니다.

"어머니는 프랑스 어, 독일어, 영어, 이탈리아 어를 아주 잘하셨어. 피아노도 잘 치셨지."

톨스토이의 어머니는 러시아 귀족 출신으로 가정교육을 잘 받아 외국어를 잘했고 피아노도 잘 쳤습니다. 그런 어머니를 여읜 톨스토이는 평생 어머니를 마음속에 담아 두고 그리워했습니다.

힘든 어린 시절을 보낸 톨스토이에게 힘이 되어 준 것은 바로 책읽기였습니다. 그는 책을 통해 부모님을 잃은 슬픔과 불행한 생각들을 떨쳐 버렸습니다. 러시아의 전래 동화와 영웅 이야기가 담긴 책을 즐겨 읽었지요.

어린 시절 톨스토이는 자신의 못생긴 얼굴이 늘 못마땅했습니다. 큼

직한 코에다 불쑥 튀어나온 두꺼운 입술, 작은 눈을 무척 싫어했지요. 그는 "나처럼 이렇게 큰 코, 두꺼운 입술, 작은 눈을 가진 사람은 이 세상에선 결코 행복하지 못할 것이다."라고 일기를 쓸 정도로 외모에 불만이 많았습니다.

톨스토이의 역할 모델은 루소

책을 통해 톨스토이는 프랑스의 소설가이자 사상가인 장 자크 루소(1712~1778)를 알게 되었습니다. 자신이 여러모로 루소를 닮았다고 생각했습니다. 루소도 톨스토이처럼 어린 시절에 어머니를 잃어 고아로 자랐거든요. 톨스토이가 못생긴 얼굴에 대해 불만이 많았듯이 루소는 예쁘장하게 생긴 자신의 얼굴을 싫어했지요.

톨스토이는 큰형을 특히 좋아했습니다.

"형, 루소도 어릴 때 고아가 되었고 나처럼 얼굴 때문에 고민이 많았대. 그런데 이상한 건 나중에 다섯 아이를 고아원에 보냈대. 어떻게 그럴 수 있을까? 훌륭한 책을 썼다지만 도무지 알 수 없는 사람이야!"

"글쎄 말이다. 나도 루소 이야기를 아는데 정말 이해할 수 없어. 자신이 불행한 어린 시절을 보냈으면 아이들은 행복하게 자라게 했어야지."

힘든 어린 시절을 보낸 루소는 다섯 아이가 자신의 학문에 방해된다

고 고아원에 맡겨 나중에는 어디에 사는지조차 몰랐습니다.

이와 달리 톨스토이는 평생 자녀들에게 모범이 되었습니다. 아이들을 위해 학교를 세웠는데 그 학교가 지금도 러시아에서 유명한 '톨스토이 학교'입니다. 톨스토이가 이루려고 한 교육의 꿈이 오늘날에도 펼쳐지고 있지요.

루소의 개인적인 삶은 이해하지 못했지만, 루소의 사상을 좋아한 톨스토이는 그의 작품이라면 가리지 않고 읽었고, ≪고백록≫과 ≪에밀≫

에 큰 감동을 받았습니다.

루소는 톨스토이가 일생 동안 닮고 싶은 대상이었습니다. 이러한 사람을 인생의 '역할 모델(role model)'이라고 합니다. 자신이 닮고 싶은 인물상을 말하지요. 이순신이나 김구, 케네디나 빌 게이츠와 같은 위대한 인물을 자신의 인생에서 본받을 사람으로 삼는 것입니다. 이들의 생각이나 인생관, 걸어간 길 등을 본보기로 삼아 따라 하거나 참고하는 인물이 바로 역할 모델이지요. 톨스토이는 루소를 역할 모델로 삼아 소설가이자 사상가로 우뚝 섰습니다.

"루소의 작품은 내 가슴 깊숙이 감동을 준다. 마치 내 자신이 쓴 것과 같다."고 일기에 쓸 정도로 루소를 존경했습니다.

톨스토이는 혼자 힘으로 공부해 카잔 대학에 들어갔지만 적응하지 못하고 곧 그만두었습니다. 그가 청소년 시절을 아주 '평범한 학생'으로 지냈으리라 생각하기 쉽지만 사실은 스물세 살까지 도박도 하고 마음을 잡지 못해 방황했습니다. 그가 쓴 일기를 들여다보면 자신이 아주 나쁜 사람이라고 생각한 것을 알 수 있습니다.

"나는 도덕적으로 나보다 더 나쁜 사람은 없을 거라고 생각했다. 나는 나쁜 짓을 자주 했고, 특히 도박을 좋아했다. 나는 한동안 착한 사람들과는 담을 쌓고 마치 짐승처럼 생활했다."

단점 극복의 비결, 일기 쓰기 습관

톨스토이가 가장 듣기 싫어하는 말이 '의지가 약하다.'라는 소리였습니다. 이 말이 듣기 싫어 자신이 해야 할 일은 무슨 일이 있어도 반드시 했지요. 톨스토이는 자신의 단점 9가지를 일기에 적었습니다.

첫째, 결정을 잘 내리지 못한다.
둘째, 자신을 속인다.
셋째, 조급하게 생각한다.
넷째, 깊이 생각하지 않는다.
다섯째, 마음이 잘 변한다.
여섯째, 이치에 어둡다.
일곱째, 남을 잘 따라 한다.
여덟째, 성격이 밝지 못하다.
아홉째, 거짓말을 한다.

누구나 단점이 있을 수 있습니다. 중요한 것은 단점을 고치려고 노력하느냐 하는 점입니다. 그는 자신의 단점을 적어 놓고 보면서 이것을 고치려고 무척 애를 썼습니다.

"어렵게 들어간 카잔 대학에서도 제대로 적응하지 못했다. 마침내 울화병이 생겨 병원에 입원까지 했다. 나는 게으름이 거의 구제할 수 없는 습관이 되어 버렸다."라고 스스로 뉘우치며 마음을 다잡으려고 노력한 흔적이 일기장에 남아 있습니다.

이렇게 단점이 많은 톨스토이가 어떻게 위대한 인물, 세계적인 소설가이자 사상가로 우뚝 설 수 있었을까요? 그것은 바로 하나의 작은 습관에서 비롯되었습니다. 다름 아닌 '일기 쓰기' 습관입니다. 톨스토이는 열아홉 살에 일기를 쓰기 시작해 여든두 살에 이 세상을 떠나기까지 하루도 빠짐없이 63년 동안 일기를 손에서 놓지 않았습니다.

진리를 사랑한 톨스토이

"날마다 '인생은 짧고 예술은 길다.'라는 말을 생각한다. 생각하는 것의 백분의 일만이라도 이룰 수 있다면! 그러나 창조할 수 있다는 생각은 나에게는 큰 행복을 가져다준다."

톨스토이가 쓴 일기는 창작의 밑거름이 되었습니다. 돈과 권력보다 명예를 소중하게 생각했는데, 글을 쓰면서 소설가로서 세상에 자신의 이름을 널리 알렸습니다. 그것은 하루하루를 반성하면서 쓴 일기 덕분이지요.

하지만 60여 년 동안 일기를 썼고 수많은 소설을 발표한 톨스토이는 세상을 떠나기 얼마 전에 부인과 다투는 일이 잦았습니다. 자신이 죽고 난 후에는 그동안 써 놓은 책을 누구나 자유롭게 출판해서 팔 수 있게 할 생각이었는데, 부인이 이를 반대했기 때문이지요. 마음이 몹시 상한 톨스토이는 막내딸과 주치의를 데리고 여행길에 올랐습니다.

그런데 기차를 타고 여행을 하던 도중에 폐렴에 걸리고 말았습니다. 서둘러 아스타포보 간이역(현재 톨스토이 역)에서 내려 역장 집에서 휴식과 안정을 취했지만, 결국 그는 그곳에서 숨을 거두고 말았지요.

톨스토이는 숨을 거두면서 "나는 진리를 사랑한다. 영원히……."라는 마지막 말을 남겼습니다. 진리는 톨스토이가 평생 추구해 온 가치였습니다.

발표력을 키우는 책 읽기

톨스토이의 일기에는 오늘날에도 그대로 적용할 수 있는 공부 방법이 들어 있습니다. 청소년 시절에 톨스토이는 일기에 '언제든지 큰 소리로 책을 읽을 것'이라고 적어 놓고 실천했습니다. 큰 소리로 읽으면 자연스럽게 암기가 될 뿐만 아니라 되풀이해 읽으면 자연스럽게 그 의미를 깨우칠 수 있습니다. 발표력을 향상시키는 데 이것보다 더 좋은 방법이 없습니다. 요즘에는 발표를 잘해야 능력 있는 인재로 평가받습니다. 큰 소리로 하루 10분 이상 책을 읽는 습관을 들여 보세요.

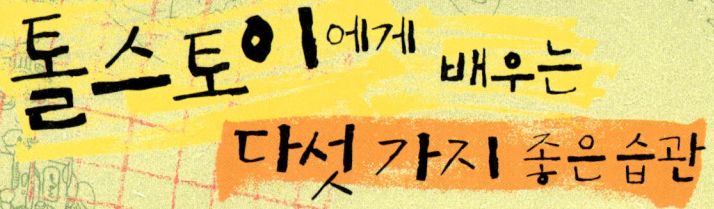

톨스토이에게 배우는 다섯 가지 좋은 습관

1. 매일 일기를 쓴다

톨스토이가 세계적인 소설가가 되는 데 밑거름이 된 것은 '일기 쓰기'입니다. 열아홉 살 때부터 쓰기 시작한 일기는 여든두 살에 세상을 떠날 때까지 계속되었지요. 톨스토이보다 이른 시기인 초등학생 때부터 일기를 꾸준히 써 보는 것은 어떨까요? 그러면 톨스토이보다 더 훌륭해질 수도 있지 않을까요? 일기를 통해 그날 하루 자신을 뒤돌아보고, 앞으로의 일을 계획하고, 큰 목표도 세울 수 있습니다. 꼭 잊지 말아야 할 사실 하나! 그것은 일기를 쓰는 쪽이 쓰지 않는 쪽보다 나 자신을 더욱 훌륭하게 만든다는 것입니다.

2. 자신의 단점이 무엇인지 써 보고, 고치려고 노력한다

성공한 사람들에게는 공통점이 있습니다. 살아오면서 어려운 시기도 거치고 실패도 경험하지만 결국 피나는 노력으로 자신의 단점을 극복하고 정상에 섰다는 것이지요. 톨스토이는 자신의 단점 9가지를 일기에 적어 놓고 고치려고 애썼습니다. 누구나 단점이 있게 마련입니다. 자신의 단점이 무엇인지 알고 고치려고 노력하는 자세가 중요하지요.

3. 먼저 남을 배려한다

톨스토이는 평생 진리를 추구하는 위대한 삶을 살았습니다. 그에게 진리란 착한 마음으로 이웃을 사랑하는 것이었습니다. 부유한 귀족이었지만 가난한 사람들의 편에 서서 그들을 도왔습니다. 톨스토이가 위대한 사람으로 존경받는 것은 뛰어난 작품을 남겼을 뿐 아니라 남을 배려했기 때문입니다. 자신만을 위하지 않고 남을 배려하면 남도 나를 배려하는 따뜻한 사회가 될 것입니다. 또한 남에게 존경받는 사람이 되어 기쁨을 누릴 수도 있습니다.

4. 늘 겸손하게 배우려는 자세를 갖는다

벼가 익을수록 고개를 숙이듯이 진정 강한 사람은 다른 사람을 높여 주면서 자신을 낮출 수 있는 용기를 가진 사람입니다. 겸손하지 못한 사람은 늘 다른 사람을 비난하면서 자기 자신의 잘못은 보지 못하지요. 자신의 부족함을 깨닫고 늘 더 많이 알고 배우려는 자세를 가진다면 모든 사람들에게 호감을 얻을 수 있습니다.

5. 역할 모델을 정한다

'역할 모델(role model)'이란 위대한 인물을 자신의 인생에서 본받을 만한 사람으로 삼는 것을 말합니다. 이들의 사상과 인생관, 걸어간 길 등을 본보기로 삼아 따라 하거나 참고하는 인물이 바로 역할 모델이지요. 톨스토이는 루소를 역할 모델로 삼아 소설가이자 사상가로 우뚝 섰습니다.

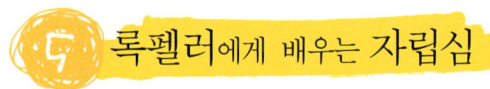 록펠러에게 배우는 자립심

부모님과 함께 여행하며 '세상 물정'을 깨우쳐라

● 존 데이비슨 록펠러 (1839~1937)

스탠더드 오일 사를 세워 석유 업계를 지배한 '석유 왕'. 세계 최고의 부자, 회계의 달인 등으로 불립니다. 시카고 대학을 세웠으며, 세계 최대 규모의 록펠러 재단을 비롯해 록펠러 의학 연구소 등을 세워 자선 사업에 온 힘을 기울였습니다.

기부를 실천한 미국의 석유 왕

 미국 역사상 최고의 부자는 누구일까요? 미국 경제 주간지 〈포천〉은 한 사람의 재산이 미국 전체 경제에서 차지하는 비율로 따져 부자의 순위를 발표했는데, 제1위는 바로 존 데이비슨 록펠러였습니다. 1937년 사망할 무렵 그의 재산은 미국 경제의 1.53퍼센트나 되었습니다. 요즘 세계 최고의 부자에 오르내리는 빌 게이츠의 재산이 미국 경제의 0.66퍼센트를 차지하는 것에 비하면 엄청난 규모이지요.

 록펠러는 1870년에 '스탠더드 오일'이라는 석유 회사를 차려 1911년에 여러 회사로 해체될 때까지 미국 석유 업계를 장악했기 때문에 '석유 왕'이라고 불립니다. 그는 성공한 기업인으로 머물지 않고 자선 사업가로 가진 돈을 아름답게 썼습니다. 록펠러는 가난한 집에서 태어나 세계 최고의 부자가 되었지만, 부자가 된 뒤에도 평생 부지런하고 검소한 삶을 살았습니다. 더욱이 병원과 대학교 등을 지어 미국에서 존경받는 자선 사업가로 알려졌지요. 돈은 모으기도 어렵지만 잘 쓰기는 더 어렵다는데, 록펠러는 돈을 어떻게 써야 하는지 본보기를 보여 주었습니다.

일기를 쓰듯 평생 돈이 들어오고 나가는 것을 회계 장부에 꼼꼼히 적었고, 번 돈의 10분의 1을 교회에 꼬박꼬박 낸 사람으로도 유명합니다. 세계 최고의 부자가 된 뒤에는 교회에 내는 헌금을 계산하기 위해 40명의 직원을 따로 둘 정도였습니다.

록펠러가 세계 최고의 부자가 된 데에는 아버지 윌리엄 에이버리 록펠러의 영향이 컸습니다. 록펠러의 아버지는 자유분방한 성격의 장사꾼이었는데 록펠러에게 세상살이의 매서운 원리를 일찍 가르쳐 주었습니다. 세상이 만만한 곳이 아님을 깨우쳐 주려고 했지요.

세상 물정을 깨우친 현장 학습

록펠러의 아버지는 좀 짓궂게 아이들을 가르쳤습니다. 어느 날 아버지는 손을 뻗어 록펠러의 손을 잡아 주는 척하다 이내 놓아 버렸어요. 아들이 바닥에 넘어지자 일으켜 세우며 말했지요.

"아무도 믿지 마라. 아버지인 나도 믿어서는 안 될 때가 있단다."

록펠러는 냉정한 세상의 이치를 일깨워 주려는 아버지에게 투덜거렸습니다.

"너무 심하신 거 아니에요? 그러다 제가 넘어져 팔이라도 부러지면 어떡해요?"

록펠러가 자라자 아버지는 그를 데리고 장터를 누비고 다녔습니다. 덕분에 록펠러는 시골 마을 같은 미국이 현대적인 국가로 바뀌는 모습을 어려서부터 보고 자랐지요. 아버지는 장터에서 직접 물건을 사고파는 모습을 보여 주며 말했어요.

"작은 사발을 큰 접시로 바꿀 줄 알아야 한단다."

록펠러는 '어떤 거래든 더 좋은 결과를 얻어 내야 한다.'는 뜻임을 어렴풋이 느꼈습니다. 또 '손해 보는 장사는 하지 말아야 한다.'는 사실을 깨우쳤지요.

"난 기회가 있을 때마다 아들을 곧잘 속이지. 난 아이들이 약아빠졌으면 좋겠어."

록펠러의 아버지는 늘 아이들에게 사회가 매서운 곳임을 일깨우려 했습니다. 치열한 경쟁 사회에서 살아남으려면 때로는 영악해야 한다는 사실을 누구보다 잘 알았기 때문이지요.

물론 록펠러의 아버지가 늘 아이들에게 현실적인 법칙만 가르친 것은 아닙니다. 운동을 좋아해 승마를 비롯해 사격, 수영은 물론 호수에 나가 물고기 잡는 법도 가르쳤습니다. 저녁이면 멜로디언이나 바이올

린을 연주하며 아이들과 노래 부르기를 좋아했지요.

　록펠러의 아버지는 마을 사람들과 함께 돈을 모아 학교를 짓는 데도 앞장섰습니다. 어린 록펠러는 학교 가는 시간을 손꼽아 기다렸어요.

　록펠러는 어린 시절 아버지의 '현장 학습' 덕분에 세상 돌아가는 형편에 밝은 소년으로 자랐습니다. 일곱 살 때 이미 칠면조를 키워 이웃집 농부에게 비싼 값으로 팔아 돈을 모아 그 돈을 빌려 주고 이자를 받기도 했지요. 어린 시절 아버지가 도시로 데려가 세상 돌아가는 형편을 익히게 하던 것을 떠올리며 자신의 미래를 그렸습니다.

근검절약의 생활

　록펠러의 어머니는 검소하고 신앙심이 깊은 분이었습니다. "무절제한 낭비는 비참한 가난을 부른다."며 아들에게 왜 부지런하고 검소하고 돈을 아껴 써야 하는지 그 중요성을 일깨워 주었습니다. 록펠러는 한편으로는 예의 없고 비도덕적인 아버지의 영향을 받았지만 원칙적이고 검소한 어머니의 생활 방식에 더 큰 영향을 받았습니다.

　록펠러의 아버지는 소금이나 목재, 말 등을 파는 장사꾼이었습니다. 전국을 돌아다니며 장사를 하느라 몇 달씩 집을 비웠습니다. 또 아픈 사람을 낫게 해 준다며 의사 노릇을 한 돌팔이 의사이기도 했지요.

장사를 마치고 집에 돌아오면 아버지는 아이들 손에 금화 한 닢씩을 쥐어 주곤 했습니다. 돈의 가치를 일깨워 주기 위해서였지요.

"아버지가 이번에 돈을 엄청 많이 벌었단다. 용돈을 두둑이 주마! 얼마나 필요하니?"

"많이는 필요하지 않아요. 25센트만 주세요."

이때부터 록펠러 집안의 1주일 용돈은 25센트로 정해졌습니다. 록펠러는 용돈을 받으면 물건을 살 때마다 용돈 기입장에 적었어요. 나중에 록펠러도 자신의 여섯 아이에게 매주 25센트씩 용돈을 주고 어떻게 썼는지 반드시 적게 했어요. 용돈 기입장을 검사해 용돈을 아껴 쓰고 돈을 모아 교회에 내면 상금으로 5센트를 더 주었지요. 세계 최고의 부자였지만 매주 아이들에게 25센트씩 용돈을 주며 아껴 쓸 것을 당부했습니다.

대개 아이들은 용돈을 받으면 다 써 버립니다. 용돈을 어디에다 썼는지 적지 않기 때문이에요. 용돈을 받으면 먼저 용돈을 어디에 쓸지 계획을 미리 세우는 게 중요합니다. 그러고 나서 어디에 썼는지 적으면 용돈을 아무렇게나 쓰지 않게 되지요. 용돈 기입장을 쓰는 것이 습관이 되면 계획해 쓰는 습관이 생기게 되고, 남은 돈을 모으는 습관으로 이어지지요.

10만 달러 가치를 지닌 사람

한번은 친구가 록펠러에게 장래 계획을 물었어요.

"나는 10만 달러의 가치가 있는 사람이 되고 싶어. 반드시 그렇게 될 거야!"

친구는 장래 계획이 그게 뭐냐고 놀렸습니다. 하지만 그때부터 록펠러는 '10만 달러의 가치를 지닌 사람'이 되겠다는 꿈을 늘 가슴속에 간직했습니다.

록펠러는 학교를 고등학교까지 다녔습니다. 대학에 가고 싶었지만 아버지의 사업이 잘 안 되어 그럴 수는 없었지요.

고등학교를 졸업하고 직장을 구하기 위해 노력했지만 쉽지 않았습니다. 철도 회사, 은행, 도매상 등을 찾아다닌 끝에 곡물 판매 회사인 휴이트 앤드 터틀 사에 들어가 경리 일을 보았습니다.

직장 일은 매일 아침 6시 30분에 시작해서 밤 10시에 끝났습니다. 열심히 일했지만 돌아오는 월급은 터무니없이 적었지요. 하지만 투덜거리지 않고 더욱 열심히 일했습니다. 힘들 때마다 록펠러는 다짐하듯 중얼거렸어요.

"세상이 하루가 다르게 발전하고 있어. 투덜거리기보다는 지금 열심히 노력하면서 앞으로 다가올 기회를 잘 잡아야 해. 서두르지 말고 기다리다 보면 분명히 내가 꼭 해야 할 큰일을 찾을 수 있을 거야."

일기 대신 쓴 금전 출납부

처음에 록펠러의 월급은 고작 20달러였지만 3년 뒤에는 50달러를 받았습니다. 계산서를 정리하는 일과 회사의 돈이 들어오고 나가는 것을 도맡아 회계 장부에 적었지요. 결국 '회계의 달인'이 되었습니다.

또 하루 동안 자신의 호주머니에서 들어오고 나가는 개인적인 돈의 내용도 일기 쓰듯이 금전 출납부에 적었어요. 저축한 돈과 투자한 돈, 남을 도와준 돈, 교회에 낸 돈을 빠짐없이 적었습니다. 매일 돈이 들어

오고 나가는 것을 적으며 록펠러는 다짐했어요.

"돈을 모으려면 얼마를 벌어 얼마를 썼고, 얼마를 모았는지 적는 게 중요해. 10만 달러의 가치를 지닌 사람이 될 때까지, 아니 백만장자, 억만장자가 되고 미국 최고의 부자가 될 때까지 금전 출납부를 적자. 또 교회에 내는 돈은 아무리 어렵고 힘들더라도 반드시 내야 해. 나만을 위해서 돈을 모으지 않고 어려운 이웃을 도우면서 돈을 모은다면 하느님이 꿈이 이루어지도록 도와주실 거야. 반드시 내 꿈을 이룰 거야!"

록펠러는 사회생활을 시작한 뒤 날마다 번 돈과 쓴 돈을 금전 출납부에 적었습니다. 이것은 지금도 록펠러 집안의 문서 보관소에 그대로 남아 있습니다. 첫 월급을 받은 때부터 록펠러는 교회의 자선 사업에 꽤 많은 돈을 냈습니다. 교회의 가난한 신도들을 돕고 아이들의 학비를 마련하는 데 도움을 주기 위해서였지요.

세상에 공짜는 없다

록펠러의 아버지는 록펠러가 어른이 되고 나서도 '세상에 공짜는 없다.'는 것을 가르쳤습니다. 대표적인 예가 아버지가 지은 새집에 아들이 사는 대가로 집세를 받은 것입니다. 사업할 돈을 빌려 줄 때도 록펠러의 아버지는 반드시 높은 이자를 받았습니다.

다니던 회사를 그만둔 록펠러는 사업을 시작하기로 결심했습니다. 문제는 사업할 돈이었지요. 동업자와 반반씩 돈을 대서 회사를 차리기로 했는데 가진 돈이 모자랐습니다. 하는 수 없이 아버지에게 도와 달라고 했더니 선뜻 빌려 주겠다며 1년 6개월 뒤에 원금과 함께 이자 10퍼센트를 갚으라고 했어요. 10퍼센트의 이자가 벅차기는 했지만 선뜻 받아들였습니다.

록펠러의 아버지가 심하게 대한 것은 록펠러를 큰 사업가로 키우기 위한 계획적인 '훈련'이었습니다. 어려움을 겪어 봐야 제대로 성장할 수 있다고 믿었기 때문입니다.

"기회가 있을 때마다 아들을 골탕 먹였지. 힘들게 할수록 그걸 기회로 훌쩍 자라거든."

록펠러의 아버지는 좀 변덕스럽게 록펠러를 시험했습니다. 록펠러가 돈이 아쉬울 때를 골라 느닷없이 빌려간 돈을 갚으라고 했지요. 그럴 때마다 갑자기 돈을 마련하느라 몹시 어려웠지만 곧바로 돈을 갚았습니다. 어떠한 경우에도 사업가는 돈에 대한 책임을 져야 한다는 신념을 지키려 했지요. 물론 그때도 이자는 항상 10퍼센트였습니다. 회사를 키워서 스스로 설 때까지 아버지가 여러 번 그런 식으로 힘들게 했지만 록펠러는 말없이 자신이 할 일을 했습니다. 록펠러는 나중에 자서전에서 그 시절을 이렇게 돌이켰습니다.

"그 정도의 가벼운 시련은 내게 돈을 다루는 능력을 키우는 좋은 약이라 생각했어요. 실제로 효과도 있었고요. 하지만 그런 식으로 시험 당할 때마다 기분은 별로 좋지 않았어요."

록펠러는 영업에서 탁월한 능력을 발휘해 '석유 재벌'이 되고 세계 최고의 부자가 되었지요. 록펠러가 열심히 노력해 성공하는 데 어린 시절 아버지의 '현장 학습'이 중요한 역할을 했습니다. 아버지는 아들의 성공을 위해 꼼꼼하게 준비하고 계산된 행동으로 기꺼이 악역을 맡았습니다.

록펠러가 때로는 지나치게 욕심이 많은 사람으로 비판도 받지만 그보다 돈을 아름답게 사용한 자선가의 상징이 될 수 있었던 것은 아버지가 심어 준 경제 관념 덕분이지요.

미국의 풍요로움을 상징하는 록펠러 센터

뉴욕 맨해튼 중심가에 록펠러 센터라 불리는 고층 빌딩 단지가 있습니다. 원래 콜럼비아 대학의 농장이었던 이곳에는 록펠러의 아들 록펠러 2세가 오페라 하우스를 지을 예정이었습니다. 그러나 1929년 대공황이 일어나자 마음을 바꿔 록펠러 센터를 짓게 되었습니다. 빌딩을 짓는 12년(1929~1940) 동안 약 23만 개의 일자리를 만들어 대공황으로 어려움을 겪는 사람들에게 도움을 주었지요. 록펠러 센터는 사무실, 학교, 쇼핑센터, 영화관, 은행, 식당 등이 한곳에 모여 있어 '도시 속의 도시'로 불리며, 가장 뉴욕다운 명소로 통합니다.

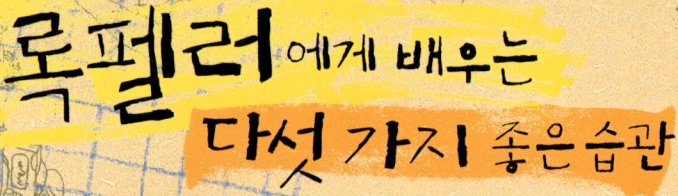

록펠러에게 배우는 다섯 가지 좋은 습관

1. 용돈 기입장을 만들어 용돈을 관리한다

록펠러는 일기를 쓰는 대신 돈이 얼마 들어오고 나갔는지 기록하면서 사업가로서 미래를 계획했습니다. 여러분도 용돈 기입장에 용돈을 얼마 받았고, 어떤 용도로 사용했는지 적어 보세요. 용돈 기입장은 돈을 효율적으로 사용할 수 있도록 계획을 세우고, 저축하는 습관을 기르는 데 큰 도움이 된답니다.

2. 아무리 어려워도 이웃을 돕는다

넉넉한 사람만이 남을 도울 수 있는 것은 아닙니다. 록펠러는 어렵고 힘든 때에도 교회에 낼 돈을 미리 준비해 둘 정도로 평소 기부를 실천했습니다. 자신만을 위해 돈을 모으지 않고 어려운 이웃을 돕는 데 많은 재산을 써 존경받는 자선가가 되었습니다. 자신이 가진 재산에 만족하면서 다른 사람에게 인색한 사람보다 가진 것을 나누어 어려운 이웃을 도우며 사는 사람이 진정한 부자이지요.

3. 근검절약하는 습관을 갖는다

록펠러의 어머니는 "무절제한 낭비는 비참한 가난을 부른다."고 했습니다. 록펠러는 가난한 집에서 태어나 세계 최고의 부자가 되었지만, 부지런하고 검소한 삶을 살았습니다. 돈이 있다고 아무렇게나 펑펑 써 버리면 나중에 빈털터리가 됩니다. 미래를 대비해 돈을 아껴 쓰면서 저축하는 것이 좋습니다.

4. 세상에 공짜는 없다는 말을 명심한다

록펠러의 아버지는 자신이 지은 새집에 록펠러가 사는 대가로 집세를 받는가 하면 사업할 돈을 빌려 줄 때도 반드시 높은 이자를 받았습니다. 대가를 치르지 않고는 아무것도 얻을 수 없습니다. 마찬가지로 노력하지 않고는 아무것도 이룰 수 없습니다.

5. 인내심을 갖는다

록펠러는 1863년 폐광을 사들여 광산업을 시작했습니다. 그러나 아무리 땅을 파도 석탄이 나오지 않았습니다. 그는 절망의 순간에도 인내심을 가지고 계속 땅을 파들어 갔습니다. 그러자 석탄보다 귀중한 검은 원유가 솟구쳐 올랐습니다. 록펠러는 "인내보다 성공에 필수적인 것은 없다."고 했습니다. 여러분도 무슨 일에서건 힘들다고 금방 포기하지 말고 인내심을 갖도록 하세요. 부모님과 함께 등산, 도보 여행 등을 즐기는 것도 인내심을 키울 수 있는 좋은 방법입니다.

6 빌 게이츠에게 배우는 친구의 소중함

서로의 장점을 나눌 수 있는 친구를 사귀어라

●빌 게이츠(1955~)

친구 폴 앨런과 세계 최초로 PC 프로그램 언어인 베이식(BASIC)을 개발했고 마이크로소프트 사를 설립해 소프트웨어 산업을 주도해 왔습니다. PC 운영 체제 프로그램 MS-DOS와 윈도즈 시리즈를 개발해 세계 컴퓨터 시장을 휩쓸었습니다. 전 세계 PC 사용자 90퍼센트 이상이 윈도즈 시리즈를 사용할 정도입니다.

컴퓨터 제국을 세운 하버드생

　흔히 성공하는 데 필요한 조건으로 돈 많은 부모님, 좋은 대학 졸업장 등을 꼽습니다. 그런데 세계 컴퓨터 산업을 주도해 온 빌 게이츠는 두 가지를 다 갖추었지만 무엇보다 마음 맞는 친구 덕분에 성공했습니다.

　빌 게이츠는 회사를 세우려고 다니던 하버드 대학도 그만두었습니다. 돈 많은 부모님의 도움도 받지 않았지요. 부모님의 도움을 받았다면 큰 힘 들이지 않고도 성공할 수 있었을 텐데 엄청난 용기입니다.

　빌 게이츠가 하버드 대학 1학년이던 어느 날 중고등학교 친구인 폴 앨런이 학교로 찾아왔습니다.

　"빌, 오랜만이야. 그동안 어떻게 지냈어? 나는 학교생활이 너무 따분해 견딜 수가 없어."

　시애틀의 사립 중고등학교인 레이크사이드 스쿨에 다닐 때 폴 앨런은 빌 게이츠보다 두 학년 위로 컴퓨터 동아리 활동을 하며 서로 친해졌습니다. 빌 게이츠를 컴퓨터 세계로 이끌었지요.

"나도 학교생활이 너무 재미없어. 아버지의 뜻대로 법학과에 들어갔지만 적성에 안 맞아 수학과로 바꿨어. 그나마 수학은 공부할 만해."

"수학이 뭐가 재미있어? 그러지 말고 우리 회사를 차리자!"

"뭐? 회사를 차리자고?"

빌 게이츠는 중고등학교 때 '수학 귀신'이라고 불릴 정도로 수학 실력이 뛰어났습니다. 대학에서도 그의 뛰어난 수학 재능은 소문이 났지요. 그런 그에게 폴 앨런이 컴퓨터 프로그램 회사를 차리자며 졸랐습니다. 폴 앨런은 빌 게이츠가 수학적 재능을 컴퓨터에 쏟아 붓기를 바랐습니다.

"회사를 차리자. 어서 회사를 차리자고."

폴 앨런은 빌 게이츠와 이야기하다 결론을 내리지 못하고 헤어져 교정을 가로질러 가고 있었습니다. 그때 갑자기 신문 판매대에 눈길이 머물렀어요. 〈파퓰러 일렉트로닉스〉라는 잡지의 표지에 실린 '혁명적인 새로운 마이크로컴퓨터'라는 제목과 미츠(MITS) 사의 개인용 컴퓨터인 '알테어 8800'의 사진이 눈에 확 들어왔지요. 폴 앨런은 쏜살같이 빌 게이츠에게 달려갔습니다.

"빌, 드디어 컴퓨터 프로그램을 만들 때가 왔어. 앞으로 컴퓨터 세상이 반드시 올 거야."

어리둥절하던 빌 게이츠도 잡지를 읽고서야 정신이 번쩍 들었습니다. 폴 앨런의 말처럼 때를 놓치면 후회할 것 같은 생각이 들었지요.

"그래, 한번 부딪쳐 보는 거야! 우리가 프로그램을 만들어 보겠다고 해 보자."

미츠 사에 전화를 걸었고 일을 하게 되었습니다. 두 사람은 이때부터 하버드 대학 컴퓨터 센터에서 살다시피 했고, 마침내 프로그램을 만드는 데 성공했습니다.

앞으로 컴퓨터가 세상을 바꿀 것이라고 굳게 믿고 곧바로 회사를 차리기로 했지요.

"회사 표어로 '세계 모든 가정의 책상마다 컴퓨터 한 대씩!' 어때?"

빌 게이츠가 폴 앨런에게 물었습니다.

"좋은데. 머지않아 미국은 물론 전 세계 모든 집에서 컴퓨터를 쓰게 될 거야. 그땐 우리가 만든 프로그램을 안 쓰고는 못 배길걸!"

마침내 오늘날 세계 최고의 기업인 마이크로소프트 사가 시애틀의 허름한 아파트에서 탄생했습니다. 빌과 폴은 1,600달러로 아파트를 빌려 이곳에서 함께 일을 시작했습니다. 마이크로소프트 사가 알려지면서 인텔 등에서 소프트웨어 개발을 맡겨 왔습니다.

그런데 회사가 날로 키질 때 문제가 생겼습니다. 처음 마이크로소프트 사에 큰 도움을 준 미츠 사와 저작권을 둘러싸고 법정 다툼이 벌어졌습니다.

"빌, 우리가 만든 베이식(BASIC) 소프트웨어를 미츠 사가 저작권을 인정할 수 없다니 말이 돼? 우리가 애써 만든 건데, 자기들이 이익을 다 가져가겠다고 우겨."

빌 게이츠도 답답했지만 손 놓고 미츠 사의 주장을 따를 수는 없었습니다.

"폴, 법적으로 해결할 수밖에 없어."

결국 법정 다툼 끝에 마이크로소프트 사가 이겨 저작권을 지킬 수 있었습니다. 이때부터 소프트웨어 회사로 자리를 굳혀 1970년대 후반 컴퓨터가 널리 퍼지면서 마이크로소프트 사의 시대가 열렸습니다.

빌 게이츠는 아버지가 큰 부자였지만 결코 돈을 빌리지 않았습니다. 아버지도 아들이 부모에게 기대 창의적인 생각을 하지 않아 큰 사업가로 성공하지 못할까 걱정해 사업 자금을 주지 않았지요.

"내가 만약 막대한 재산을 아들에게 물려주었다면 지금의 빌 게이츠는 아마 없을 것입니다."라며 아들에게 재산을 물려주지 않은 것을 자랑스럽게 생각한다고 빌 게이츠의 아버지가 말했습니다.

그 뒤 폴 앨런은 호지킨 병(목, 겨드랑이, 사타구니 등에 있는 면역 기관인 림프절에 염증이 생기는 병)에 걸려 회사를 떠났습니다. 현재 폴 앨런은 프로농구단과 미식축구단 등을 이끌며 사업가로 살아가고 있습니다. 또 공상과학박물관을 세우고, 자선 사업도 열심히 하고 있습니다.

'완전 멍청이'라고 놀림을 당하다

빌 게이츠는 어린 시절에는 친구들과 잘 어울리지 못했고, 심지어 '완전 멍청이'라는 말을 듣기도 했습니다.

"그 녀석은 참 별스러웠어요."

초등학교 6학년 때 같은 반이었던 한 친구는 빌 게이츠에 대한 인상을 이렇게 떠올렸습니다. 빌 게이츠는 지능지수(IQ)가 170으로 뭐든 한 번 읽으면 외울 정도로 기억력이 뛰어났지만 거만해 친구들에게 따돌림을 당하기도 했지요.

빌 게이츠는 말쑥한 얼굴에 환하게 미소 지었지만 끊임없이 사고를 치는 개구쟁이였습니다. 학교 성적도 초등학교 6학년 때까지는 그리 두드러지지 않았지요. 시애틀의 레이크사이드 스쿨에 들어가서도 2학년이 지나도록 친구들에게 인기가 없었습니다. 이래서는 안 되겠다 생각하고 자신이 좋아하는 수학과 과학을 열심히 공부했습니다. 그러자 친구들의 생각이 바뀌었지요.

"저 녀석 완전 멍청이라고 생각했는데 다시 봐야겠는걸!"

빌 게이츠는 속으로 기뻐 소리쳤습니다.

'이게 내 진짜 모습이야! 앞으로 두고 보라고.'

빌 게이츠는 컴퓨터 동아리에서도 두드러졌습니다. 그때 일생을 뒤

바꿀 폴 앨런을 만났지요. 폴 앨런은 빌 게이츠보다 두 학년 위로 컴퓨터에 대해 많은 것을 알고 있었습니다.

빌 게이츠는 컴퓨터 덕분에 친구도 제대로 사귀게 되었지요. 당시 레이크사이드 스쿨에는 학부모들이 돈을 모아 전 세계에 500대도 안 되던 컴퓨터 'ARS-33 텔레타이프'를 들여놓았습니다.

빌 게이츠와 12명의 친구는 컴퓨터 동아리를 만들어 컴퓨터실에서 살다시피 했지요. 그중 컴퓨터 실력은 폴 앨런과 빌 게이츠가 가장 앞섰습니다. 매일 학교에서 집으로 갈 때면 빌 게이츠는 폴 앨런에게 말했습니다.

"오늘 밤 컴퓨터실에 다시 올 거지?"

"물론이지. 그럼 나중에 보자!"

둘은 집을 몰래 빠져나와 밤늦도록 컴퓨터 작업을 하고는 버스가 끊겨 걸어서 집에 가곤 했습니다.

하버드 대학에서 만난 스티브 발머

빌 게이츠는 친구가 많지는 않았지만 한번 사귀면 깊게 사귀어 주변에 자신의 일을 도와줄 믿을 만한 친구들을 두었습니다. 그는 하버드

 대학 기숙사에서 운명을 결정지은 두 번째 친구를 만났습니다. 바로 마이크로소프트 사의 최고 경영자인 스티브 발머입니다.

 스티브 발머는 하버드 대학에 다닐 때 미식축구부 선수, 문학잡지 편집장, 교내 신문 기자로 활동하는 등 모든 일에 적극적이었습니다. 빌 게이츠와 스티브 발머는 당시 하버드 대학에서도 수학 천재로 통했어요.

 "스티브 발머는 나와는 정반대였어요. 수업을 거의 듣지 않고 대학

내 활동에도 관심이 없던 나와 달리 그는 모든 일에 적극적으로 참여하고 주변에 모르는 친구가 없었죠."

빌 게이츠는 대학 때 스티브 발머의 재능을 알아보고 자신의 회사로 불러들였습니다. 빌 게이츠는 법학과에서 수학과로 옮겼다가 끝내 학교를 그만두었지만, 스티브 발머는 하버드 대학을 졸업하고 스탠퍼드 대학에서 경영학 석사를 마쳤지요. 빌 게이츠와 가장 가까운 친구 사이인 스티브 발머는 영업 능력이 떨어지는 빌 게이츠를 대신해 지난 20여 년간 판매 영업을 담당했고, 지금은 빌 게이츠에 이어 마이크로소프트 사의 최고 경영자 자리에 올랐습니다.

친구들과 잘 사귀지도 못하고 왕따를 당하던 소년이 똑똑한 두 친구 덕분에 세계 컴퓨터 산업을 지배하게 되었습니다. 여기에서 중요한 교훈을 얻을 수 있습니다. 아무리 재능이 뛰어나고 머리가 좋아도 친구들을 잘 사귀고 어울려야 성공할 수 있지요.

사업 성공의 비결은 우정

자신과 닮은 친구보다는 약점을 채워 줄 친구가 곁에 있으면 좋습니다. 자신의 성격이 급하면 느긋한 성격의 친구가 어울리지요. 둘 다 성격이 급하면 일을 그르치기 쉽습니다.

빌 게이츠는 자신의 모자란 점을 채워 주는 친구들을 곁에 두었습니다. 폴 앨런은 처음 사업을 시작할 때부터 모든 일에 경쟁적이고 공격적인 빌 게이츠의 모자라는 점을 채워 주며 '균형자' 역할을 했지요. 빌 게이츠는 폴 앨런에 대해 이렇게 말했습니다.

"하루하루 사업을 해 나갈수록 나는 점점 더 공격적이고 경쟁적이 되었어요. 반대로 폴 앨런은 연구와 개발 분야에서 나와 스티브 발머를 앞서 나갔죠."

스티브 발머는 빌 게이츠처럼 프로그램을 짜는 컴퓨터 프로그래머는 아닙니다. 그는 판매와 재정 업무를 담당했지요.

스티브 발머는 의욕 넘치는 '비즈니스계의 마술사'라는 평가를 받습니다. 문학적 감성이 뛰어나고 자신의 주장을 상대방이 쉽게 받아들이게 하면서 결코 허둥대지 않는 성격으로, 빌 게이츠를 도와 회사 운영 전반을 책임지면서 오늘날의 마이크로소프트 사를 만들었습니다.

중고등학교 시절에 왕따를 당하기도 했던 빌 게이츠는 컴퓨터에 빠져들면서 친구들을 사귀었고, 일찍이 아르바이트를 하면서 사업에도 눈떴습니다.

"빌은 사람을 일에 끌어들이고 깊이 관계를 맺도록 하는 재주가 있었어요."

고등학교 때 친구인 폴 길버트는 빌 게이츠에 대해 이렇게 말했습니다. 초등학교와 중학교 때 친구들에게 따돌림을 당했던 빌 게이츠는 영재들이 빠지기 쉬운 외톨박이의 성격을 극복하고 인간관계에서도 친구들에게 인정받았습니다.

 빌 게이츠는 회사를 같이 끌어갈 동료로 학창 시절을 함께 보낸 믿음직하고 똑똑한 친구들을 선택했습니다. 그리하여 자신의 회사를 친구들과 함께 세계 최고의 회사로 만들었지요.

 지금 여러분 주위에 나중에 자라서 함께 일하고 싶을 만큼 멋진 친구가 있나요? 여러분은 다른 친구들에게 그런 사람으로 받아들여지고 있나요? 서로 열심히 학창 시절을 보내서 훗날 함께 일을 해 보면 어떨까요? 생각만 해도 설레지 않나요?

학창 시절 친구의 중요성

톨스토이의 명언 중에 '다정한 벗을 찾기 위해서라면 천 리 길도 멀지 않다.'라는 것이 있습니다. 그만큼 좋은 친구를 사귀는 것이 중요하다는 말이지요. 십대 때 빌 게이츠는 폴 앨런을, 스티브 잡스는 스티브 워즈니악을 만나 비슷한 시기에 사업을 시작했습니다. 각각 단돈 1,600달러로 마이크로소프트 사와 애플 사를 세워 '윈도즈' 시리즈와 개인용 컴퓨터 '매킨토시'로 세계 컴퓨터 시장을 이끌게 되었습니다. 이들을 보면 청소년기에 만나는 진정한 친구가 한 사람의 삶에 얼마나 큰 영향을 미치는지 알 수 있습니다. 검색 사이트인 '구글'도 친구 사이인 스탠퍼드 대학원생 래리 페이지와 세르게이 브린이 함께 세웠지요.

빌 게이츠에게 배우는 다섯 가지 좋은 습관

1. 서로 도움을 줄 수 있는 친구를 사귄다

빌 게이츠는 학창 시절에 폴 앨런과 스티브 발머를 가까운 친구로 둔 덕분에 마이크로소프트 사를 세계적인 회사로 키워 낼 수 있었습니다. 학창 시절에 좋은 친구를 사귀는 것은 매우 중요합니다. 서로의 장점을 본받고 격려할 수 있는 사이라면 더할 나위가 없습니다. 학교를 졸업하고 나서도 우정을 이어 나가며 멋진 일을 함께 해 볼 수도 있을 것입니다.

2. 좋아하는 일을 찾아 열심히 한다

빌 게이츠는 남들이 모두 부러워하는 하버드 대학을 다니다가 중간에 그만두었습니다. 그러고는 자신이 좋아하는 일을 하기 위해 회사를 차렸지요. 자신이 좋아하고 잘할 수 있는 일을 선택해야 즐기면서 할 수 있습니다. 적성에 맞지 않는 일이라면 그것이 남들이 부러워하는 직업이더라도 행복하다고 할 수 없습니다. 또한 좋아하는 일을 즐기면서 열심히 하다 보면 성공까지 저절로 따라온답니다.

3. 주변 사람들과 좋은 관계를 유지한다

빌 게이츠는 학창 시절에 친구들과 잘 어울리는 활달한 성격은 아니었지만, 한번 친구를 사귀면 서로 속마음까지 나누는 깊은 관계를 만들었다고 합니다. 사업을 시작하고 큰 성공을 거둔 지금도 아랫사람에게 소탈하게 대하고 상대방의 의견에 귀 기울이는 등 주변 사람들의 소중함을 잘 아는 사람이지요.

4. 시간을 쓸데없이 낭비하지 않는다

빌 게이츠는 점심으로 햄버거를 자주 먹는다고 합니다. 식사하는 시간을 줄이기 위해서지요. 누구에게나 공평하게 주어진 최고의 자원은 바로 시간입니다. 그래서 그 시간을 어떻게 사용하느냐가 매우 중요하지요. 성공한 사람들 대부분은 시간을 헛되게 흘려보내지 않고 자신의 앞날을 준비하거나 개척하는 데 사용했습니다. 시간을 잘 관리하는 사람은 그렇지 않은 사람보다 성공할 확률이 매우 높습니다.

5. 긍정적인 사고방식을 갖는다

빌 게이츠는 자신이 특별한 사람도, 머리가 뛰어난 천재도 아니라고 생각했습니다. 그래서 자신의 능력을 찾아내고 긍정적으로 발전시켰지요. 긍정적인 생각을 갖고 끊임없이 공부하고 새롭게 도전하는 것, 바로 빌 게이츠의 성공 비결입니다.

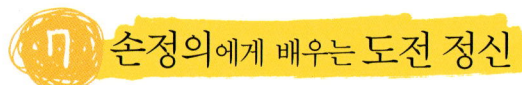 손정의에게 배우는 도전 정신

반드시 성공한다는 의지를 가지고 큰 세상으로 나아가라

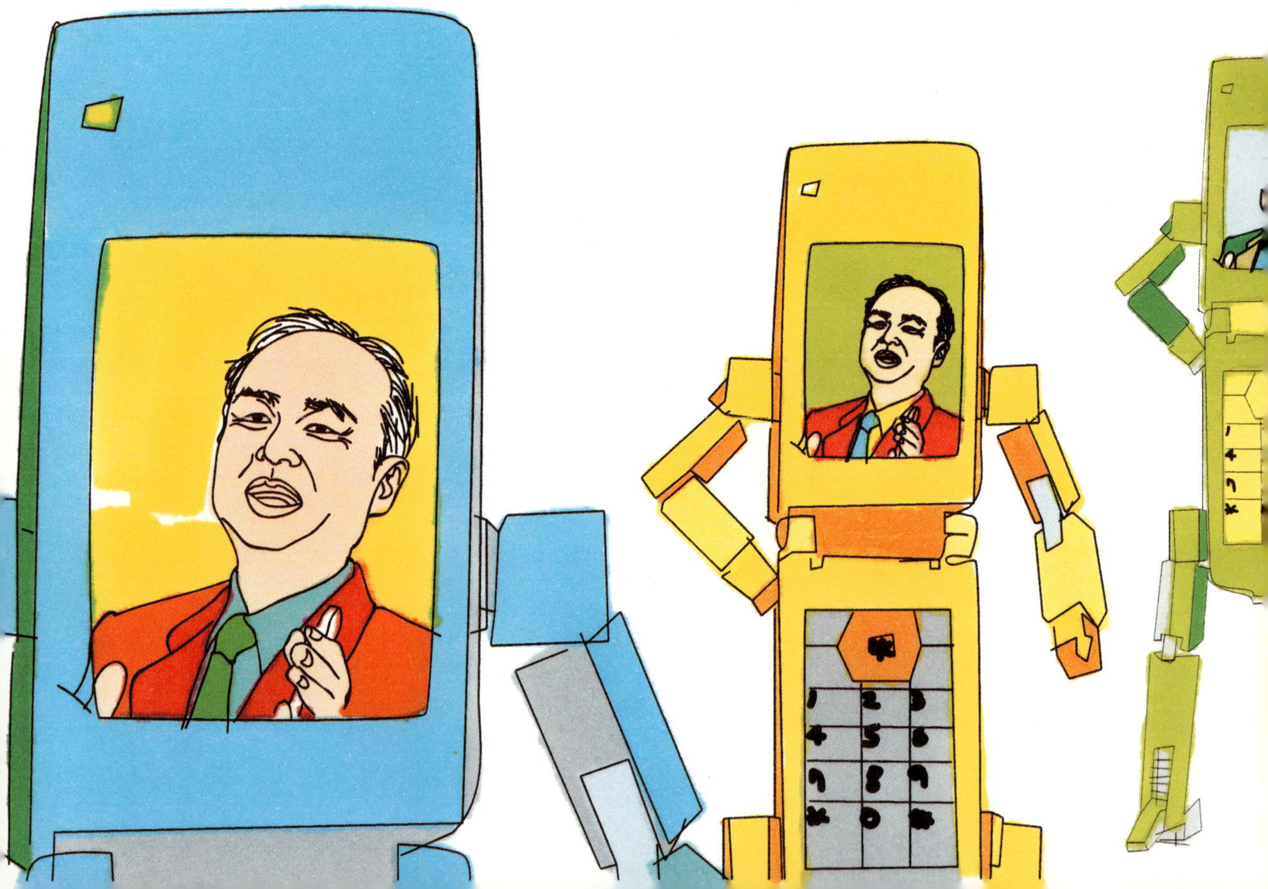

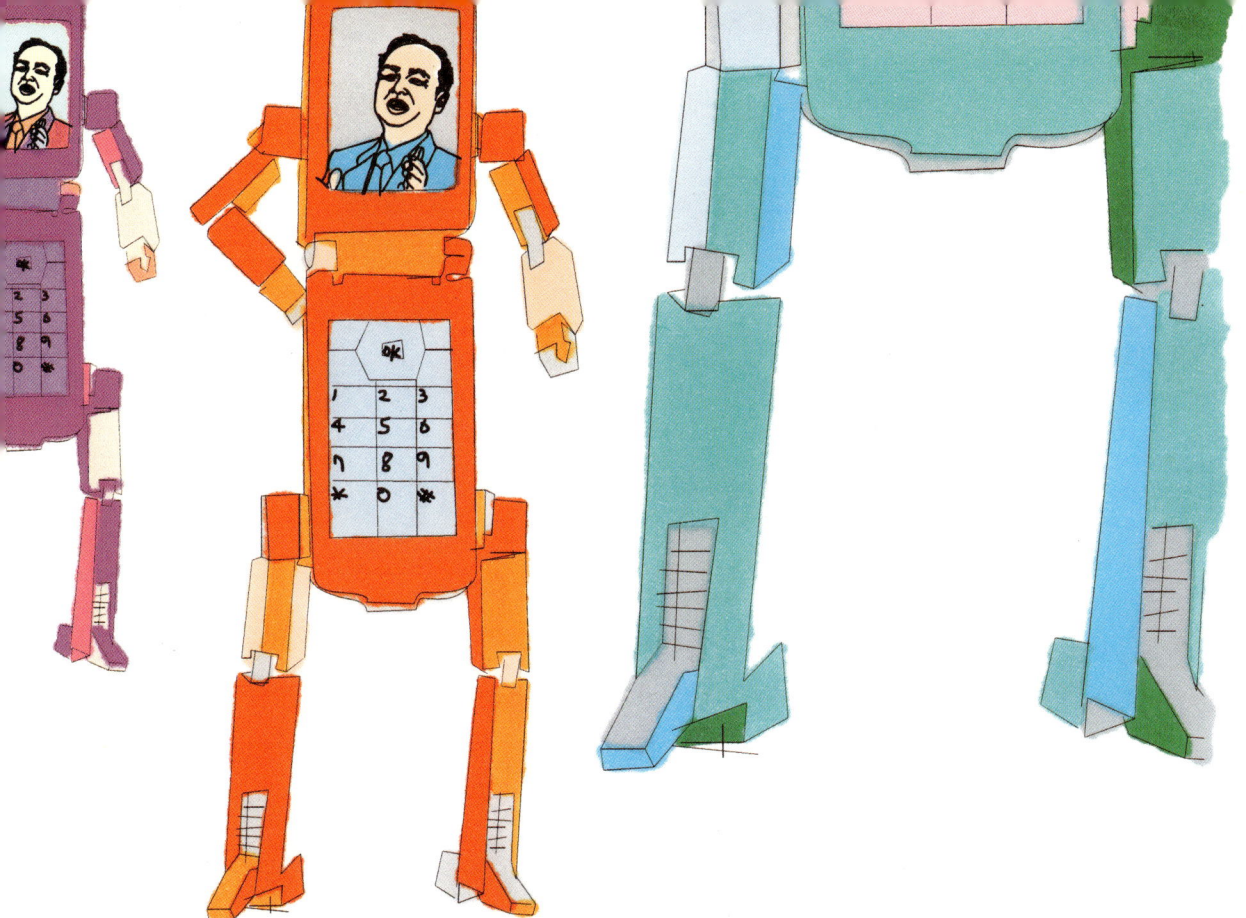

● 손정의 (1957~)

재일 교포 3세로, 1981년에 소프트웨어 판매 회사인 '소프트뱅크'를 세워 10여 년 만에 세계적인 기업으로 만들었습니다. 미국의 경제 잡지 〈포브스〉가 발표한 '일본의 30대 부자'에서 1위로 선정되었습니다. 또한 일본에서 가장 존경받는 기업인으로 뽑히기도 했습니다. 열아홉 살에 '인생 50년 계획'을 세우고 차근차근 실천에 옮긴 결과입니다.

자신감을 심어 준 아버지의 한마디

"아들이 초등학교에 다니던 어느 날, 새벽에 일어나서 공부하는 것을 보았지요. 오래 하지 않을 거라 생각하고 지켜보았는데 계속 공부에 매달리더군요. 한번 마음먹으면 쉽게 그만두지 않는 아들을 보고 저절로 내 입에서 '너는 천재다.'라는 말이 나왔지요. 내가 자꾸 천재라고 해서 아들이 열심히 한 것이 아니라, 줄기차게 공부하는 아들을 보고 '너는 천재다.'라고 했을 뿐이지요."

아버지는 아들에게 자주 "너는 천재다."라고 말하곤 했습니다. 이 한마디가 오늘날 손정의를 있게 했다고 해도 지나치지 않습니다.

손정의가 초등학교 3학년 때의 일입니다. 할머니 일로 아버지와 사소한 말다툼을 했는데, 손정의는 아버지가 잘못했다고 말하고 나서야 그때까지 아버지 옷을 거머쥐고 있던 손을 놓았다고 합니다. 아버지는 그때 아들의 얼굴이 5미터나 되는 큰 바위 덩어리처럼 보였다고 합니다. 한번 옳다고 생각하면 끝까지 밀어붙이는 성격 때문에 아들이 보

통내기가 아니라는 것을 알아차렸다고 합니다.

  손정의는 아버지를 닮아 늘 밝고 긍정적이며 자존심이 강했습니다. 생각뿐만 아니라 창조적으로 일을 처리하는 태도도 아버지에게서 크게 영향을 받았습니다. '정의'라는 이름에도 정의롭고 가치 있게 살아가라는 아버지의 소망이 담겨 있습니다.

  손정의는 초등학교 2학년 때부터 스스로 공부를 열심히 했어요. 또 조립을 하거나 그림 그리는 것을 좋아해 한때 화가를 꿈꾸기도 했어요.

창의력이 풍부한 손정의에게 아버지는 늘 "너는 천재야."라고 말해 주었습니다. 그리고 아버지는 기회가 있을 때마다 이렇게 덧붙였어요.

"넌 일본에서 최고가 되고 반드시 훌륭한 인물이 될 거야."

아버지는 남이 보는 앞에서도 자식 자랑을 아끼지 않았습니다. 이렇게 아버지의 사랑과 관심을 한몸에 받고 자란 손정의는, 아버지의 마법에라도 걸린 듯 자신은 천재이고 대단한 인물이 될 거라는 믿음을 지니게 되었습니다.

'난 마음만 먹으면 뭐든지 할 수 있어. 남들보다 훨씬 뛰어난 일을 할 수 있어. 난 정말로 천재일 거야.'

이루고자 하는 강한 뜻을 지녀라

재일 교포 2세인 아버지는 일본인들에게 무시당하며 살아와 무엇보다 아들 4형제가 훌륭한 사람이 되기를 바랐고, 그중 손정의에게 기대가 가장 컸습니다. 손정의가 중학교 1학년 1학기를 마치자 아버지는 가족들에게 대뜸 이사를 가자고 했습니다.

"정의가 명문 고등학교에 들어가려면 시골을 떠나 후쿠오카로 가야 해."

집을 새로 지은 지 얼마 안 된 때라 손정의를 비롯한 온 가족이 반대했습니다. 그러나 아버지는 한번 마음먹으면 하고야 마는 성격이었어요. 손정의는 후쿠오카의 조난 중학교로 학교를 옮겼습니다.

손정의는 전학 온 지 1년 만에 학생 회장 선거에 나서서 당당히 당선되었습니다. 수만 명의 직원을 거느린 기업가를 꿈꾸던 그는 학생 시절에 전교생을 통솔해 보아야 한다고 생각했습니다. 학생회 활동이 장차 기업을 이끌어 나갈 연습이라 여겼지요.

그러나 아버지의 기대와 달리 명문 고등학교에 들어갈 정도의 성적은 되지 않았습니다. 손정의는 성적을 올려 보란 듯이 명문 고등학교에 들어가야겠다고 결심하고, 중학교 3학년 여름방학 때 학원을 다니기로 했습니다. 그는 다른 어느 곳보다도 수많은 학생들을 명문 고등학교에 합격시킨 것으로 유명한 모리타 학원에서 공부하고 싶었습니다. 하지만 보기 좋게 거절당했지요. 손정의의 학교 성적표를 훑어본 원장 선생님은 "이 정도의 성적으로는 우리 학원에 받아 줄 수 없네." 하면서 손사래를 쳤습니다.

마침 조난 중학교에서 공부를 잘하는 친구가 그 학원에 다니고 있었습니다. 손정의는 친구의 어머니에게 찾아가 자신도 모리타 학원을 다닐 수 있게 추천해 달라고 간곡히 부탁했습니다. 손정의는 친구 어머니와 함께 원장 선생님을 다시 만났습니다. 그 자리에서 꼭 모리타 학원에서 공부하고 싶은 자신의 강한 뜻을 내비쳤습니다.

"선생님, 그동안 친구들과 어울려 지내느라 성적이 좋지 않았습니다. 하지만 지금부터 죽어라고 공부하려는 학생에게 공부할 기회를 주지 않는 건 이해가 안 됩니다."

원장 선생님은 손정의의 강한 의지 앞에 두 손을 들고 말았습니다.

손정의는 모리타 학원을 다니며 그동안 소홀했던 공부를 열심히 했습니다. 여름방학 전에는 학급에서 5등이었는데 2학기가 끝나갈 무렵에는 1등을 하게 되었습니다. 그리고 마침내 입학시험을 치러 11 대 1이라는 치열한 경쟁을 뚫고 명문 구루메 대학 부속 고등학교에 들어갔습니다.

'뜻이 있는 곳에 길이 있다.' 라는 말이 있습니다. 무슨 일이든 그 일을 이루려면, 반드시 이루고야 말겠다는 강한 의지가 필요합니다. 나중에 세계적인 기업가가 된 손정의는 이렇게 말했습니다.

"나는 뜻을 세우지 않고 성공하거나, 목표로 하지 않았는데 올림픽에서 금메달을 따는 일은 있을 수 없다고 생각합니다. 어릴 때부터 금메달을 따겠다는 강한 의지가 없으면 금메달을 딸 수 없어요. 강한 뜻과 꿈과 의지가 없는 연습은 괴로울 뿐입니다. 사업의 세계에서는 그보다 더하지요."

손정의는 무엇보다 모리타 학원에서 공부해 명문 고등학교에 진학

하고 말겠다는 강한 의지가 있었기 때문에 결국 원하는 대로 그렇게 된 것입니다.

인생을 바꾸어 놓은 미국 유학

손정의는 고등학교 1학년을 다니다가 갑자기 미국으로 영어 연수를 떠났습니다. 1970년대 일본에서는 영어 연수와 조기 유학 바람이 거세게 불었어요. 손정의는 캘리포니아 버클리 대학 캠퍼스로 갔습니다. 그것이 그의 인생을 바꾸어 놓았습니다.

손정의는 미국에서 자유로움을 느꼈습니다. 미국 사람들은 다른 나라 사람들에게도 마음을 열었고, 나이 든 사람들도 젊은 사람의 의견에 귀를 기울였습니다. 더욱이 버클리 대학의 도서관은 문을 닫는 시간까지 공부하는 학생들로 꽉 찼습니다. 그들은 자신의 미래에 대한 확고한 믿음으로 앞으로 나아가고 있는 듯 보였지요.

손정의는 버클리 대학에서 많은 노벨상 수상자가 나온 것은 자유롭고 활달한 학교 분위기 때문이라고 생각했습니다. 그런 생각이 들자 버클리 대학에서 공부를 하고 싶은 마음을 억누를 수 없었습니다.

버클리 대학은 미국에서 자유로운 '천재들의 집단'으로 통하지요.

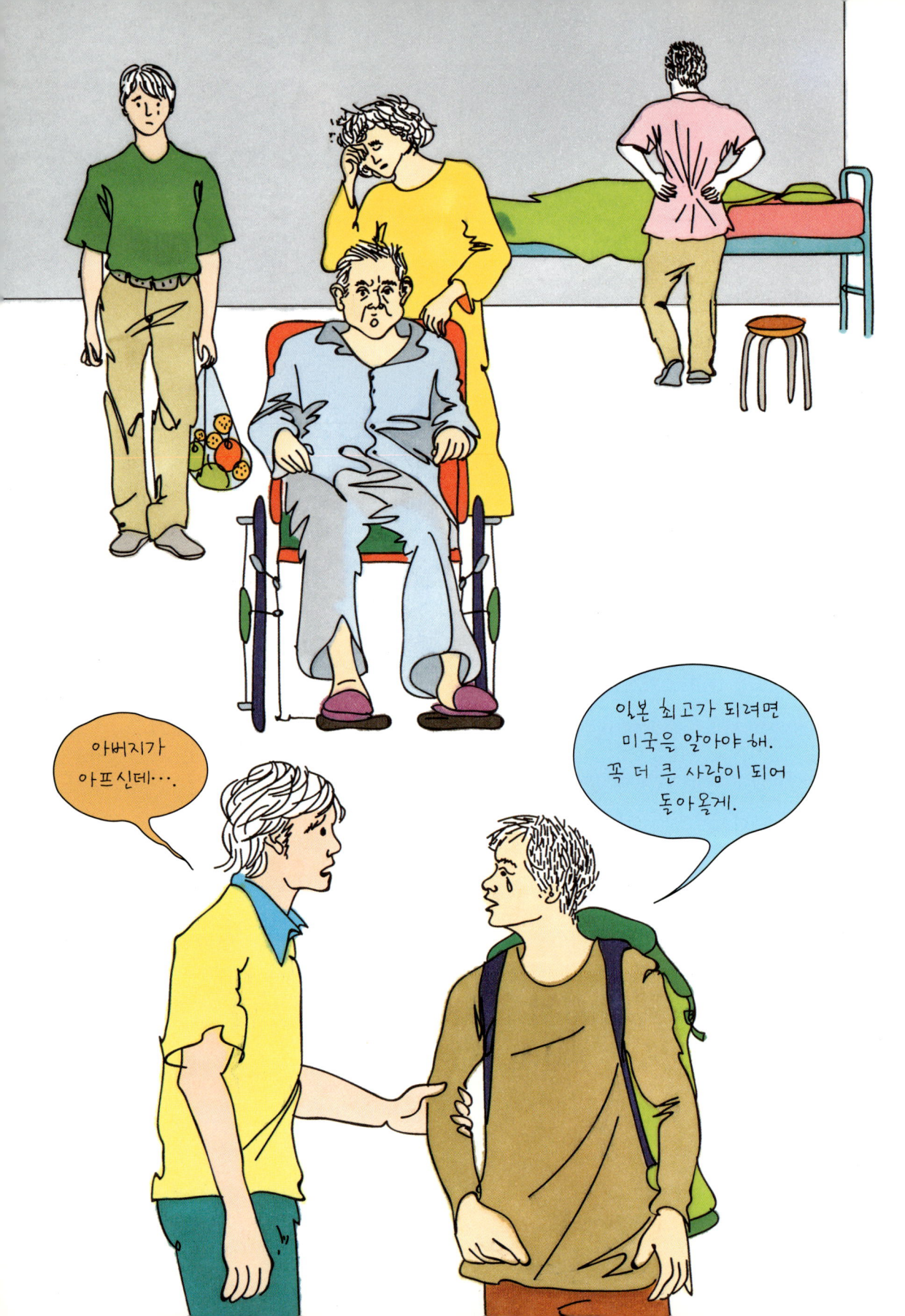

미국인들은 버클리 대학의 위대함을 괴짜들의 천재성에서 찾기도 합니다. 아버지에게 천재 소리를 듣고 자란 손정의는 미국의 천재들과 제대로 겨뤄 보고 싶었습니다.

"아버지는 제가 고등학교를 마치고 도쿄 대학에 들어가 정치가가 되길 바라시지만 재일 한국인이 일본에서 1등을 할 수 있는 분야는 사업뿐이에요. 미국에서 열심히 배워 실력을 기르면 일본에서 최고가 될 수 있을 거예요. 어차피 한 번뿐인 인생, 역사에 남는 일을 하고 싶어요."

4주 동안 미국에서 영어를 공부하고 돌아온 손정의는 아버지에게 버클리 대학으로 유학을 갈 결심을 밝혔습니다. 그러나 그의 계획은 가족들의 심한 반대에 부딪혔지요. 아버지가 건강이 아주 나빠 병원에 입원하고 있어서 어머니가 울면서 말렸습니다.

"병으로 고생하시는 아버지를 두고 어째서 네 생각만 하니. 그리고 네가 떠나면 내가 외로워할 거라는 건 너도 알지 않니?"

어머니와 형제들이 그의 발걸음을 잡았습니다. 자신의 주장을 잘 굽히지 않는 손정의였지만 슬퍼하는 가족들을 보자 마음이 흔들렸습니다. 아버지는 건강이 더욱 나빠졌습니다.

그러나 지금은 새로운 세계를 향해 나아가야 할 때라고 생각했습니다. 손정의는 다시 한 번 용기를 내어 병원에 입원하고 있는 아버지를 찾아가 말했습니다.

"아픈 아버지를 두고 떠나는 제 마음도 편하지는 않아요. 그렇지만 미국에 가서 공부해 희망찬 미래를 설계하고 싶어요."

뜻밖에도 아버지는 가족들의 반대를 물리치고 손정의의 미국 유학을 허락했습니다.

인생 50년 계획을 세우다

손정의는 버클리 대학 3학년인 열아홉 살 때 앞으로 어떻게 살아갈지 인생 설계를 끝마쳤습니다. 대부분의 학생이 데이트할 궁리를 하거나 단순히 공부에만 매달려 있을 때 엄청난 계획을 세운 것입니다. 바로 그 유명한 '인생 50년 계획'이지요.

'20대에 이름을 세상에 알리고, 30대에 적어도 1천억 엔의 사업 자금을 모으고, 40대에 사업에 승부를 걸고, 50대에 사업을 완성해서, 60대에 후계자에게 물려준다.'

현재 손정의는 이 계획대로 나아가고 있습니다. 어린 나이에 이런 큰 계획을 세우는 것도 대단한데 지금껏 흔들림 없이 앞만 보고 달려온 그의 강철 같은 의지가 더욱 위대해 보입니다.

손정의는 창의적인 정신으로 무장한 벤처 사업가, 인터넷 제국의 지배자로 통합니다. 1981년 PC용 소프트웨어 판매 회사인 '소프트뱅크'

를 세운 뒤 인터넷 포털 사이트 '야후 재팬'을 운영하면서 일본 인터넷을 장악하게 되었고, 정보 기술(IT)과 휴대폰 사업에도 뛰어들어 큰 성공을 거두고 있습니다.

결국 '너는 천재다.'라는 아버지의 예언대로 되었지요. 비록 타고난 천재는 아니었지만 아버지의 믿음이 손정의를 천재를 넘어선 위대한 인물로 만들었습니다. 손정의는 더 넓은 세상에서 큰 뜻을 품고 끝없이 도전하며 현대판 영웅 신화의 주인공이 되었습니다.

초고속으로 대학에 들어간 손정의의 비밀

손정의는 고등학교 1학년도 마치지 않은 채 미국으로 떠나 세라몬테 고등학교 2학년에 입학했습니다. 미국의 고등학교 1학년은 일본이나 우리나라의 중학교 3학년과 같았기 때문입니다. 그런데 그는 한 달 만에 고등학교를 졸업했습니다. 수업 수준이 낮아 실망한 그는 교장 선생님에게 가서 3학년이 되게 해 달라고 설득했습니다. 교장 선생님은 이를 허락했고, 화장실에서 가서도 3학년 교과서를 손에서 놓지 않는 손정의를 보고 4학년으로 다니게 했습니다.

손정의는 곧바로 대학 입학을 위한 검정 시험을 치렀습니다. 아직 영어 실력이 부족했던 그는 시험 감독관에게 영어 사전을 쓸 수 있게 해 주고 시험 시간도 늘려 달라고 부탁했습니다. 결국 끈질긴 설득 끝에 시험을 치러 합격하고, 홀리 네임 대학을 2학년까지 다니다가 버클리 대학 경제학부에 3학년으로 들어가게 되었지요. 이렇게 손정의가 앞당겨 원하는 대학을 다닐 수 있게 된 것은 두둑한 배짱과 강한 추진력 덕분입니다.

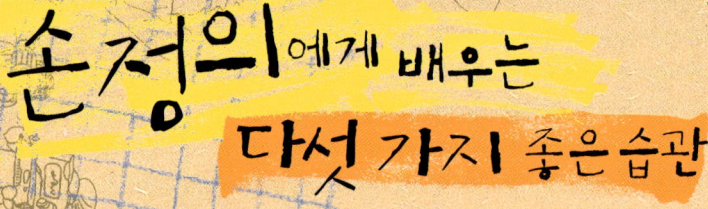

손정의에게 배우는 다섯 가지 좋은 습관

1. 자신의 할 일이나 생각을 메모한다

버클리 대학 시절 손정의는 '아이디어 뱅크'라는 발명 노트를 만들어 아이디어가 떠오를 때마다 메모를 했습니다. 그 결과 자판을 누르면 영어 음성이 나오는 휴대용 전자음성번역기를 세계 최초로 발명했습니다. 요즘 전자사전에 필수적인 기능이지요. 그때부터 기록하는 습관이 들어 요즘도 필기구와 수첩을 가지고 다닌다고 합니다. 여러분도 자신이 해야 할 일이나 생각 등을 메모하는 습관을 들여 보세요. 당장은 귀찮은 것 같지만, 어른이 되었을 때 큰 도움이 된답니다.

2. 아무리 힘들어도 절망하지 않고 도전한다

소프트뱅크라는 회사를 세우고 몇 년이 흐른 어느 날, 손정의는 자신이 만성 간염에 걸린 사실을 알았습니다. 의사 선생님은 앞으로 5년 안에 죽을 수도 있는 중병이라고 했습니다. 하지만 손정의는 결코 절망하지 않았습니다. 오히려 반드시 나아야겠다는 의지를 불태우며 회사를 발전시키는 데 노력을 기울였습니다. 병이 다 나을 때까지 3년 동안 읽은 책만 해도 4,000권이나 된다고 합니다.

3. 반드시 이루고야 말겠다는 강한 의지를 갖는다

손정의는 이루고자 하는 강한 뜻과 꿈과 의지를 지녀야 성공할 수 있다고 했습니다. 그는 자신이 원하는 학원, 고등학교, 대학교에 들어가 공부하고야 말겠다는 강한 의지를 지녔기 때문에 자세한 계획을 세워 실천에 옮길 수 있었습니다. 여러분도 자신이 세운 목표를 반드시 이루고야 말겠다는 의지를 갖도록 하세요. 강한 의지가 있어야 목표를 이룹니다.

4. 스스로 알아서 하는 태도를 기른다

손정의 집안에는 '어떤 일이든 자기 스스로 개척한다.'는 가풍이 있었습니다. 손정의는 공부면 공부, 운동이면 운동, 목표하는 것을 노력해서 이루고야 마는 성격이었습니다. 큰 사람이 되기 위한 유학도 스스로의 판단에 따른 것이었지요. 우선 자신의 목표를 세우고, 그에 따라 해야 할 일을 스스로 알아서 하는 습관을 들여 보세요. 목표를 이루었을 때 성취감이 몇 배로 커지고, 나중엔 분명히 훌륭한 사람이 되어 있을 거예요.

5. 나는 잘할 수 있다고 매일 외쳐 본다

누구나 칭찬이나 관심을 받으면 능률이 오르고 결과가 좋아집니다. 나를 존중해 기대를 걸면 노력해서 결국 그 기대에 맞추게 되지요. 이것을 '자기 충족적 예언'이라고 합니다. 아버지에게 '너는 천재다.'라는 말을 듣고 자란 손정의는 세계적인 기업가가 되었습니다. 아버지의 격려가 자신감을 북돋아 주는 마법의 주문이었던 것이지요. '나는 잘할 수 있다.'고 자신에게 주문을 걸어 보세요. 자신감이 생기고, 하고자 하는 일이 훨씬 잘 풀립니다.

8 반기문에게 배우는 꿈을 이루는 기술

장래 희망을 정하고 그 길로 힘써라

● 반기문 (1944~)

전국학생영어웅변대회에서 1등을 차지해 미국 적십자사의 초청으로 미국에 머무는 동안 케네디 대통령을 만나면서 외교관의 꿈을 정했습니다. 서울대 외교학과를 나와 외무고시에 합격해 외교관 생활을 시작했고, 외교관으로 지내며 하버드 대학 케네디 행정대학원을 최고의 성적으로 졸업했습니다. 외교통상부 장관을 거치면서 성실하고 부드러운 포용력을 인정받아 2006년에 제8대 유엔 사무총장에 올랐습니다.

케네디 대통령과의 만남

1962년 고등학교 3학년 때, 반기문은 미국 적십자사의 초청을 받아 43개 나라 117명의 청소년과 함께 한 달 동안 미국에 머물렀습니다. 그때 케네디 대통령을 백악관 뜰에서 만났습니다.

"What is your dream?" (학생의 꿈은 무엇인가요?)

"My dream is a foreign service officer." (제 꿈은 외교관입니다.)

케네디 대통령이 묻자 반기문이 대답했습니다.

"Great. I wish your dream to be accomplished." (훌륭한 꿈입니다. 반드시 이루길 바랍니다.)

케네디 대통령은 격려해 주었습니다.

이 한 토막의 대화가 반기문에게 큰 꿈을 품게 했습니다. 케네디 앞에서 외교관이 꿈이라고 말한 것은 평생 잊을 수 없는 일이었지요.

반기문이 외교관이 되겠다는 마음을 처음으로 품은 것은 충주 교현초등학교 5학년 때입니다. 그 무렵 국민건강계몽 운동의 하나로, 변영

때 외무부 장관이 전국 초등학교를 돌며 연설을 했습니다. 반기문도 전교생과 함께 학교 운동장에 모여 이 연설을 들었습니다.

"몸이 튼튼하지 않은 어린이는 공부를 잘할 수 없습니다. 몸이 튼튼해야 우리나라의 미래를 짊어질 수 있습니다. 건강한 몸으로 열심히 공부해서 우리나라를 세계에 우뚝 세워 주기 바랍니다."

이때부터 반기문은 어렴풋이 '나라를 위해 일하는 사람'으로서 '외교관'을 꿈꾸었습니다. 그런데 케네디 대통령에게 갑작스레 꿈이 무엇인지 질문을 받자, 자신도 모르게 그만 "제 꿈은 외교관입니다."라는 말이 튀어나온 것입니다.

그렇게 말하고 난 반기문은 가슴이 벅차올랐습니다. 그동안 막연하게 간직해 온 외교관의 꿈이 반드시 이루어야 할 장래의 목표로 단단하게 자리 잡는 순간이었습니다. 그것은 케네디 대통령에게 한 약속이기도 했습니다.

영어를 가장 잘하는 학생

중학생이 된 반기문에게 가장 재미있는 과목은 영어였습니다. 그는 수업 진도가 나가기 무섭게 영어 문장을 외우고 또 외웠습니다. 그것이 영어를 잘하는 비결이었지요. 예나 지금이나 문장 전체를 외우는 것이 외국어를 잘하는 지름길입니다. 반기문은 영어 선생님이 수업 시간에 배운 단원을 10번씩 써 오라고 숙제를 내 주면, 그 숙제를 하면서 문장을 통째로 외워 버렸습니다.

어렸을 때부터 책벌레라 불릴 정도로 책읽기를 좋아한 반기문은 하루빨리 영어를 잘해 영어로 된 소설책과 신문을 보고 싶었습니다.

그런데 고등학교에 가니 영어로 말하는 것이 문제였습니다. 영어 문법이나 해석은 누구보다 자신 있었지만, 영어 회화는 아무리 외우고 노력해도 실력이 늘지 않았습니다.

"회화를 잘하려면 무엇보다 미국인과 직접 이야기를 나누어야 해."

요즘처럼 외국인을 만나기 쉽지 않은 그때, 반기문의 머릿속에 충주 비료 공장에 근무하는 미국인 기술자가 문득 떠올랐습니다. 설불리 미국인에게 이야기를 걸다가 망신을 당하면 어쩌나 하는 생각도 들었지요. 하지만 영어를 잘하려면 자존심을 내세워서는 안 된다고 마음을 고쳐 먹었습니다.

"그래. 용기 내서 한번 부딪쳐 보는 거야!"

반기문은 영어 선생님이 빌려 준 녹음기를 가지고 미국인 기술자를 찾아갔습니다. 하지만 그 기술자는 인사를 나누자마자 몇 마디 말을 남긴 채 공장으로 들어가 버리는 것이었습니다.

"도대체 뭐라고 한 거야?"

그가 무슨 말을 했는지 전혀 알아들을 수 없었습니다. 반기문은 그만 풀이 죽고 말았습니다. 대화를 녹음해 둔 것이 그나마 다행이었지요.

집에 돌아와 녹음한 내용을 되풀이해 들으니, 그 미국인 기술자의 이름이 존이란 것을 알 수 있었습니다. 또한 오늘은 바쁘니까 다음에 찾아오라고 한 말도 들을 수 있었습니다.

며칠 후 반기문은 다시 그 미국인 기술자를 찾아가 더듬더듬 이야기를 나누었습니다. 돌아와서는 녹음한 것을 듣고 또 들으며 존의 발음

　을 따라 연습했어요. 영어로 말하려면 미국인의 발음을 익히는 것이 중요하다고 생각했습니다.

　또 반기문은 미국인 선교사들을 쫓아다니며 영어로 이야기를 나누었습니다. 영어로 된 것이면 무엇이든 달달 외우고 다녔지요. 그렇게 했더니 영어 회화에 부쩍 자신감이 생겼고, 충주에서 영어를 잘하는 학생으로 소문이 나기 시작했습니다. 이것은 반기문에게 무슨 일이든 용기를 갖고 도전하면 이루지 못할 것이 없다는 믿음을 갖게 한 귀중한 경험이었습니다.

일생을 바꾼 기회가 찾아오다

충주고등학교 2학년 때였습니다. 어느 날 영어 선생님이 반기문을 교무실로 불렀습니다.

"대한적십자사에서 전국학생영어웅변대회를 연다는구나. 영어를 잘하는 기문이 네가 우리 학교 대표로 참가해 보면 어떻겠니? 성적이 우수한 학생에게는 미국에서 열리는 청소년적십자국제대회에 참가하는 자격이 주어진단다."

반기문은 고등학교에 들어가면서 청소년적십자 활동을 하고 있었습니다. 청소년적십자단의 단원이 되어 고아원 봉사, 농촌 일손 돕기, 헌혈 운동 등을 펼침으로써 국제적십자를 창설한 앙리 뒤낭의 인도주의 정신을 실천한 것이지요.

반기문은 충주고등학교 청소년적십자단 지도 교사이기도 한 영어 선생님과 함께 대회를 준비했습니다. 영어 신문을 구해 읽은 다음 영어로 토론을 벌이기도 했습니다.

영어웅변대회이기 때문에 영어가 유창해야 하고, 그에 못지않게 조리 있게 말하는 것도 중요하지요. 반기문은 발음을 고쳐 가면서 매일 연습을 되풀이했습니다.

'연설하면서 가끔 몸짓을 해야지. 그러면 덩달아 자신감이 생기거

든. 발음도 또렷하게 하고 말이야.'

드디어 대회가 열리던 날, 반기문은 단상에 올라가기 전에 마음을 다잡았습니다.

결국 반기문은 서울 남산동 대한적십자사 본사에서 열린 학생영어 웅변대회에서 전국의 경쟁자들을 물리치고 당당히 1등을 차지했습니다. 2등과의 점수 차이는 10점 이상이 났지요. 다른 3명의 입상자와 함께 이듬해 여름에 한 달 동안 미국에서 열리는 청소년적십자국제대회에 한국 대표로 참가할 자격을 얻은 것입니다.

반기문은 미국으로 떠나기 전에 영어 공부를 더욱 열심히 했습니다. 미국 사람들과 세계 각국의 청소년적십자 대표를 만나 막힘없이 얘기를 나누고 토론을 벌이기 위해서였습니다.

케네디 대통령을 만난 것은 바로 이 청소년적십자국제대회 기간 동안이었습니다. 세계의 청소년적십자 대표들과 백악관을 방문했을 때 케네디 대통령과 이야기를 나눔으로써 외교관의 꿈을 확실히 간직하게 되었고, 나아가 오늘의 유엔 사무총장에 이르게 된 것이지요.

한 달 동안 미국 사회를 체험한 것도 반기문에게 큰 꿈을 품는 계기가 되었습니다. 당시 제일 부자 나라인 미국에서 뛰어난 사람들을 만남으로써, 세상을 넓게 바라보면서 세계적인 인재가 되기 위해 더욱 노력하게 되었지요. 사람은 역시 우물 안 개구리처럼 좁은 곳에서 지내기보다 넓은 세상을 경험하거나 큰 인물을 겪어 보아야 크게 될 수 있다는 좋은 예입니다.

잘난 체하다 왕따를 당하다

반기문은 외교관으로서 중요한 자리를 두루 거쳐 외교통상부 장관을 지냈습니다. 그에겐 늘 '최선을 다하는 사람', '남의 마음을 잘 헤아리는 사람', '외교 실력이 뛰어난 사람'이란 평가가 뒤따랐습니다.

하지만 중고등학교 때 너무 잘난 체한다며 친구들에게 왕따를 당하기도 했습니다. 한번은 수학 시간에 선생님이 칠판에 문제를 냈습니다.

"자, 이건 좀 어려운 문제다. 앞에 나와서 풀어 볼 사람?"

그때 한 친구가 자신이 풀겠다며 손을 번쩍 들었습니다. 그러나 그는 정답을 틀리고 말았습니다. 수학 선생님은 다른 학생들에게 문제를 풀 기회를 주었습니다. 반기문은 이때다 싶어 손을 재빨리 들었지요.

"좋아, 기문이가 풀어 봐. 전교 1등이 설마 틀리진 않겠지?"

반기문은 앞으로 나가 문제를 풀었습니다. 학년 전체에서 늘 1등을 하던 반기문이 정답을 틀릴 리 없었지요. 그러자 쉬는 시간에 친구들이 다가와 한마디씩 던졌습니다.

"야, 공부 좀 한다고 너무 잘난 체하지 마."

반기문은 친구들을 이해할 수 없었습니다.

'아는 문제를 푼 게 뭐가 잘못이야. 자식들, 공부도 못하는 주제에……'

반기문은 속으로 중얼거리며 친구들의 말을 무시했습니다. 친구들은 그런 반기문을 아는 척도 하지 않았지요. 그날 친구들에게 따돌림을 당해 속이 상한 반기문은 집에 돌아와 큰 소리로 울었습니다.

"무슨 일이니? 학교에서 누구랑 싸우기라도 한 거야?"

어머니는 집에 들어서자마자 울기 시작하는 아들에게 물었습니다. 반기문은 학교에서 있었던 일을 얘기했습니다.

"얘야, 공부를 잘하는 것도 좋지만 친구의 마음도 헤아릴 줄 알아야 한단다."

어머니가 타이르듯이 말했습니다.

"다른 친구들도 똑같이 문제를 못 풀었으면 그 아이는 자존심이 상하지 않았을 거다. 그런데 네가 덜컥 문제를 풀어 버렸으니 어땠겠니. 차라리 그 아이를 생각해 문제를 풀지 말았으면 좋을 뻔했구나."

반기문은 어머니 말을 듣고서야 생각이 짧았던 자신을 뉘우쳤습니다.

외교관에게는 자기 나라에 유리하게 협상을 이끄는 것이 가장 중요합니다. 그러려면 다른 나라 외교관의 마음을 잘 헤아리면서 부드럽게 자신의 주장을 펼쳐야 합니다. 외교관이 된 반기문은 이와 같이 최선을 다해 일하면서도 늘 주위 사람들에게 겸손했습니다.

흔히 '범생이'라 불리는, 공부를 잘하는 모범생은 잘난 체하기 쉽습니다. 또한 자신은 잘난 척하지 않아도 반 친구들의 눈에 잘난 척하는 것으로 비칠 수 있습니다. 반기문은 어머니의 조언을 들은 다음부터는 친구들의 마음을 잘 헤아리려고 노력했습니다. 이것이 바로 반기문을 최고의 외교관이 되게 한 비결입니다.

유엔 사무총장이 되다

반기문은 열세 살 때 유엔 사무총장에게 자유와 민주주의를 위해 싸우는 나라의 국민을 도와 달라는 편지를 썼습니다. 그 당시 헝가리는 소련을 등에 업은 사람들이 다스리고 있었는데, 국민이 이들을 반대하자 소련이 탱크를 앞세워 헝가리로 쳐들어온 것입니다.

"유엔 사무총장님! 충주 교현초등학교 6학년 반기문입니다. 저는 집이 부서지고 가족과 헤어지는 전쟁이 싫습니다. 지금 소련이 공격해 많은 헝가리 국민이 죽거나 다치거나 쫓겨나고 있다고 들었습니다. 유엔의 할 일이 무엇입니까? 세계의 평화를 지키고 전쟁을 막기 위해 세워진 국제기구가 유엔입니다……"

그로부터 50년 뒤 반기문 자신이 유엔 사무총장이 되었습니다. 유엔 사무총장에 취임하면서 연설할 때 이 편지를 소개하기도 했습니다.

반기문은 청소년들에게 "영어 공부를 열심히 하고, 세계 시민의 꿈을 품고, 장래 목표를 정해 리더십(지도력)을 준비하라."고 부탁합니다.

"장래의 꿈은 그 꿈을 향한 준비 속에서 이루어집니다. 우리 삶이 어느 날 갑자기 날개를 달고 날아오르는 것은 아니죠. 한 계단, 한 계단 올라가는 것이 꿈을 이루는 지름길입니다."

이 말이 과연 옳다는 것은 반기문 유엔 사무총장을 보면 알 수 있겠지요?

인도주의를 실천하는 국제 적십자사 연맹

185개 나라의 적십자가 '국제 적십자사 연맹'이라는 조직체를 이루고 활동하고 있습니다. 국제 적십자 운동은 스위스인 앙리 뒤낭에 의해 처음 시작되었습니다. 1858년 이탈리아 솔페리노 지방을 여행하던 뒤낭은 그곳에서 벌어진 전투에서 부상당한 병사들이 치료받지 못하고 방치되고 있는 처참한 광경을 목격했습니다. 그는 마을 사람들과 함께 적군과 아군을 가리지 않고 부상자들을 돌봐주었습니다. 그 뒤 뒤낭은 1862년에 《솔페리노의 회상》이라는 책을 써서 전쟁이 일어났을 때 부상자들을 치료하기 위한 중립적인 국제기구를 만들 것을 제안했습니다. 이 제안이 세계 여러 나라로부터 호응을 얻어 1863년에 국제 적십자가 만들어졌습니다. 앙리 뒤낭은 적십자 활동을 위해 재산을 모두 썼고, 생을 마칠 때까지 열정적으로 활동했습니다. 이러한 공로가 인정되어 제1회 노벨 평화상을 받았습니다.

반기문에게 배우는 다섯 가지 좋은 습관

1. 좋아하는 것에 몰두한다

반기문은 중학교에 들어가 영어를 처음 배웠습니다. 영어로 외국 사람과 말할 수 있다는 것이 너무 신기하고 좋았습니다. 그래서 더욱 열심히 공부해 영어의 달인이 되었습니다. 영어를 잘하지 못했다면 유엔 사무총장은 물론 외교관도 될 수 없었을 것입니다. 자신이 좋아하는 것에 몰두하면 그 방면에 뛰어난 능력을 갖게 됩니다. 좋아하는 과목이나 분야가 있다면 거기에 흠뻑 빠져 보세요.

2. 도덕을 중요하게 여긴다

사람으로서 마땅히 지켜야 할 도리가 바로 도덕입니다. 도덕을 지키지 않는 사람은 지도자의 자격이 없습니다. 반기문은 어려서부터 착하고 예절이 발랐습니다. 갓 외교관이 되었을 때 미국에서 근무할 수 있었지만, 부모님과 동생들을 도우려고 생활비가 싼 인도를 택하기도 했습니다. 그는 공직에 있는 내내 뇌물을 받거나 나랏돈을 함부로 낭비하지 않았습니다. 청렴결백한 성품과 높은 도덕성을 지녔기 때문에 누구나 존경하는 세계적인 지도자가 되었습니다.

3. 리더십을 기른다

반기문은 학창 시절에 반장을 도맡다시피 해서 장래 지도자로서의 능력을 키웠습니다. 반장이 되거나 반장 선거에 나가 보는 것은 리더십을 키우는 좋은 방법입니다. 소심한 성격이라면 우선 남의 시선을 무시하고 당당해질 필요가 있습니다. 많은 아이들 앞에서 발표하거나 주장하는 것도 자꾸 연습해 보면 익숙해집니다. 어떻게 행동해야 아이들이 나를 믿고 따를지도 생각해 보세요.

4. 세계 시민으로서 미래를 준비한다

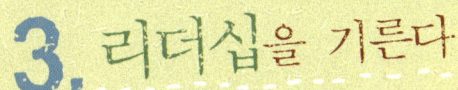

반기문은 청소년적십자 활동을 통해 인류의 행복을 위해 일하는 정신을 배웠습니다. 영어를 열심히 공부하면서 세계를 무대로 뛰는 자신의 모습을 그렸습니다. 여러분이 세계 무대에서 활동하려면 우선 영어를 잘해야 합니다. 다른 나라들을 독서, 여행 등을 통해 이해하는 것도 중요합니다. 무엇보다 전쟁, 가난, 질병 등에 시달리는 지구촌 이웃들에게 따스한 도움의 손길을 내밀어야겠지요.

5. 정성으로 사람을 대하라

외교관 시절 반기문은 뛰어난 능력과 성실한 태도를 인정받아 초고속으로 승진했습니다. 승진에 뒤처진 100명의 선배와 동료들에게는 '일찍 승진해서 미안하다.'는 편지를 일일이 손으로 써서 보냈습니다. 항상 자신을 낮추고 남을 배려하는 그에게 선배와 동료들은 축하와 격려를 보내 주었고, 후배들은 존경심을 갖게 되었습니다. 또한 누구에게나 차별하지 않고 정성으로 대했기 때문에 훌륭한 지도자로서 사람들이 따르게 되었습니다.

9 괴테에게 배우는 창의력

모든 것은 책에서 나온다

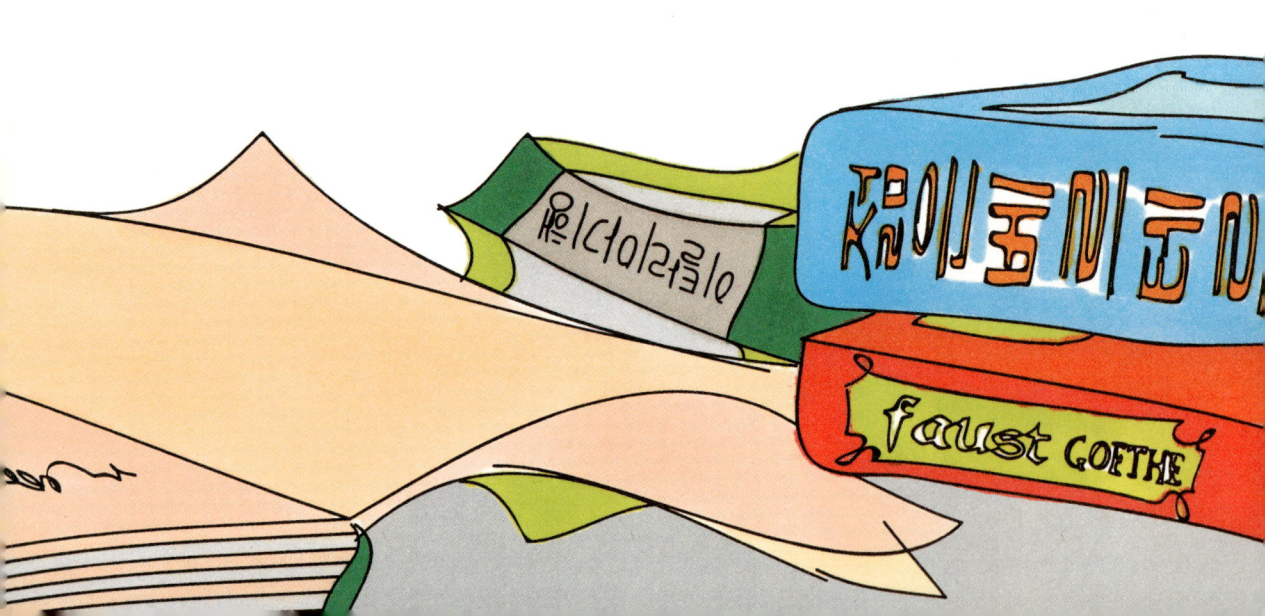

● 요한 볼프강 폰 괴테 (1749~1832)

독일의 소설가, 시인, 비평가, 정치가, 과학자, 무대 연출가로 여러 분야에 걸쳐 천재적인 재능을 보인 인물입니다. 《젊은 베르테르의 슬픔》으로 소설가로 이름을 널리 알렸고, 죽기 불과 몇 달 전에 완성한 《파우스트》는 가장 훌륭한 세계 문학 작품 가운데 하나로 손꼽힙니다.

아버지는 맞춤 가정교사

　괴테는 《젊은 베르테르의 슬픔》으로 유명한 소설가이지만, 단순히 소설가에 머물지 않고 여러 분야에서 재능을 발휘한 사람으로 더 유명합니다. 서양에서는 호메로스, 단테, 셰익스피어와 더불어 '4대 시성(네 사람의 위대한 시인)'으로 불리기도 하지요.

　괴테가 위대한 사람이 된 것은 아버지 덕분입니다. 괴테의 아버지는 괴테가 갓 태어났을 때부터 함께 산책하기를 좋아했습니다. 어린 괴테를 가슴에 안고 거리나 들판을 걸으며 만나는 것들마다 재미있는 지식을 전해 주었습니다. 새를 보면 그 새의 이름과 습성을 얘기해 주고, 마차를 보면 마차는 어떻게 만들고 말은 어떻게 다루는지 알려주는 식이었지요. 괴테는 일찍이 아버지의 이런 이야기를 들어 풍부한 어휘력을 키울 수 있었다고 합니다.

　괴테가 어렸을 당시 독일에서는 잘사는 집 아이들 대부분은 집에서 가정교사에게 교육을 받았습니다. 괴테의 아버지도 부모님에게 물려

받은 재산을 괴테를 가르치는 데 아낌없이 썼습니다. 직접 가르치기도 하고, 이름난 가정교사를 불러 가르치게 하기도 했지요. 그리하여 괴테는 지금으로부터 250년 전에 문학과 예술, 영어, 프랑스 어, 라틴 어, 그리스 어, 종교, 음악, 미술 등 거의 모든 과목을 가정교사에게 배웠습니다.

괴테의 아버지는 괴테의 할아버지가 여관을 운영하면서 모은 많은 재산 덕분에 대학에서 법학을 공부하고도 특별한 직업 없이 지낼 수 있었습니다. 이탈리아 등을 여행하거나 미술품을 수집하면서 살았지요. 하지만 괴테만큼은 떳떳한 직업을 가진 인물이 되게 하려고 무척 애를 썼습니다.

괴테도 아버지처럼 이탈리아를 두 번에 걸쳐 2년 가까이 여행했습니다. 여행의 느낌을 쓴 《이탈리아 기행》은 세계적인 고전으로 통합니다. 괴테는 이 책에서 '로마 땅을 밟게 된 그날이야말로 나의 제2의 탄생일이자 나의 진정한 삶이 다시 시작된 날이다.'라고 했습니다.

여행은 새로운 만남의 기회를 줍니다. 낯선 사람뿐만 아니라 새로운 자연환경, 문화와 예술, 역사를 만날 수 있지요. 유럽의 이름난 집안들은 자녀가 충분히 공부한 다음에는 반드시 유럽 곳곳으로 여행을 떠나게 했습니다. 특히 유럽 사람들은 '세계의 수도'였던 로마를 살아가면서 반드시 체험해야 할 인생의 과정으로 꼽았습니다

외국어의 바다에 빠지다

　서양에서는 학교 제도가 생겨난 뒤에도 오랫동안 가정에서 교육이 이뤄졌습니다. 괴테도 어린 시절에 유명한 가정교사에게 전 과목을 배웠지요. 괴테 아버지가 학교 수업을 마음에 들어 하지 않았기 때문입니다.

　괴테의 아버지는 아이들을 가르치는 것을 좋아하는 데다 괴테가 타고난 재능을 보이자 더욱 열심히 공부시켰습니다. 괴테와 여동생에게 이탈리아 어를 직접 가르치기도 했습니다.

　괴테는 때로 여러 명과 함께 공부하기도 했습니다. 영어나 라틴 어 같은 외국어는 혼자 가정교사에게 배웠지만, 문학은 친구들과 함께 배웠습니다. 오늘날 '그룹 과외' 같은 것이지요. 그러다 보니 문학에 재능이 뛰어난 괴테는 불만이었습니다. 문학 선생님이 다음 시간까지 시를 지어 오라는 숙제를 내주면, 자신의 가정교사에게 부탁해 시를 지어 오는 아이가 있었거든요.

　나중에는 개인 가정교사가 아이 대신 숙제를 해 준 사실이 들통 났습니다. 그 뒤로는 문학 선생님이 수업 시간에 그 자리에서 시를 짓게 했습니다. 그러자 괴테는 가장 뛰어난 시를 지어 선생님에게 칭찬을 받았습니다.

　괴테가 어린 시절에 가정교사에게 배운 흔적은 독일 프랑크푸르트 '괴테 하우스'에 보관된 자료로도 알 수 있습니다. 괴테 기념관인 그곳에 '청소년의 과업'이라는 제목의 공책들이 진열되어 있지요. 당시 아홉 살인 괴테는 그 공책에 자신이 이미 고등학교 3학년 수준의 라틴 어 연습 문제를 풀었다고 자랑스럽게 적었습니다.

괴테는 열 살 때 이미 이솝의 《이솝 이야기》, 호메로스의 《일리아드》와 《오디세이》, 오비디우스의 《변신 이야기》, 디포의 《로빈슨 크루소》를 읽었습니다. 《아라비안나이트》, 《파우스트 박사》, 《아름다운 마겔로네》, 《포르투나투스》와 같은 민담집도 읽었고, 마르틴 루터(독일의 종교 개혁자)가 독일어로 번역한 《구약성서》와 《신약성서》는 매일 읽었습니다. 괴테의 명작 《파우스트》는 바로 어린 시절에 읽었던 《파우스트 박사》를 새롭게 창작한 것이지요.

괴테는 책 읽기를 좋아하는 데다 외국어를 네 가지나 배워야 했기 때문에 무척 힘들어했습니다. 그런데도 자신에게 필요하다고 느끼는 외국어가 있으면 공부시켜 달라고 아버지를 졸랐습니다.

"아버지, 《성경》을 제대로 공부하려면 히브리 어도 공부해야 할 것 같아요. 원래 《성경》은 히브리 어로 쓰였잖아요."

아버지는 아들이 대견스러워 김나지움(16세기에 독일에서 고전적인 교양을 갖춘 인재를 키우기 위해 세운 학교)의 교장 선생님을 찾아갔습니다. 괴테가 《성경》을 읽는 데 필요한 기본적인 히브리 어를 배우게 해 달라고 부탁했지요. 히브리 어까지 합치면 괴테가 공부한 외국어는 모두 다섯 가지가 됩니다.

《성경》은 교회에 다니든 다니지 않든 누구나 읽어야 할 훌륭한 책입니다. 《성경》을 읽으면 이스라엘의 역사뿐만 아니라 솔로몬 왕의 이야기를 비롯해 유대 인들이 들려주는 수많은 지혜를 얻을 수 있지요.

괴테는 고전 문학의 걸작들이 라틴 어로 기록되어 있어 특히 라틴 어를 열심히 공부했습니다. 영어를 잘하면 '해리 포터' 시리즈를 우리말로 옮기기 전에 영어로 먼저 읽을 수 있는 것과 같은 이유지요.

성공으로 이끈 호기심

괴테는 무엇이든 배우고 싶으면 아버지를 졸라서 배웠어요. 피아노도 그랬습니다.

한번은 괴테가 친구네 집에 갔다가 친구의 피아노 선생님을 만났어요. 그 선생님은 피아노를 가르칠 때 왼손과 오른손의 모든 손가락에 별명을 붙여 불렀어요. 검은 건반과 흰 건반에도 별명이 있었습니다. 옆에서 친구가 공부하는 것을 지켜본 괴테는 음악 수업이 재미있으면서도 손가락 사용법과 박자가 아주 쉽게 이해되는 것 같았어요.

집으로 돌아온 괴테는 아버지에게 그 선생님에게 피아노를 배우게 해 달라고 졸랐습니다. 아버지는 그 선생님을 여러 방법으로 수소문해서 피아노 선생님으로 맞이했습니다.

괴테는 아버지의 뜻에 따라 그림도 공부했습니다. 하지만 히브리 어나 피아노 등은 자신이 먼저 아버지를 졸라 공부하겠다고 했어요. 아이들은 대개 부모님이 공부하라고 하면 하기 싫어서 꾀를 부리는데 괴테는 그러지 않았지요. 오히려 호기심이 생기면 먼저 달려들어 공부하려고 했어요.

어린 시절 괴테는 새의 깃털이 날개에 어떻게 붙어 있나 살펴보려고 깃털을 모두 뽑기도 했습니다. 그런가 하면 꽃잎들이 꽃받침에 어떻게 붙어 있나 보려고 꽃잎을 모두 뜯기도 했습니다.

괴테의 성격이 별나서가 아닙니다. 호기심과 탐구욕이 강한 아이들에게 흔히 있는 일입니다.

상상력과 창의력을 키운 고전 작품

괴테는 무엇보다 상상력을 키우는 공부가 가장 중요하다고 강조했습니다. 또한 끌리는 마음, 정열 같은 감정을 발달시켜야 한다고 말합니다. 이는 라틴 어, 그리스 어 등 외국어로는 배울 수 없다고 꼬집습니다. 마음속에 더 섬세한 감정이 일도록 오비디우스의 《변신 이야기》 같은 고전 작품을 읽으라고 권합니다.

오비디우스가 쓴 《변신 이야기》는 셰익스피어 등 많은 작가에게 큰 영감을 주었습니다. 그리하여 후세 사람들에게 상상력과 창작의 샘이 되었지요. 《변신 이야기》는 그리스 신화를 로마 식으로 다시 쓴 것입니다. 질투와 싸움으로 신이나 인간이 동물이나 나무, 돌 등으로 변하는 이야기도 있습니다. 책을 읽다 보면 2천 년 전에 살았던 작가가 어떻게 이토록 놀라운 상상력을 펼 수 있었을까 하는 생각이 꼬리를 뭅니다.

그런데 놀랄 만한 사실은 셰익스피어의 《로미오와 줄리엣》에도 《변신 이야기》에서 동기를 얻은 것으로 보이는 구절이 나옵니다.

"바빌론에 사는 피라무스는 동방에서 가장 잘생긴 총각이고 티스베는 동방에서 가장 아름다운 처녀로, 둘은 앞뒷집에 이웃해 살았다. 처음에는 우정이 싹트다 점차 사랑으로 변해 갔다. 부모는 물론 반대를 했고, 이들은 눈짓, 고갯짓으로 사랑을 나누었다. 두 사람은 서로 만나 사랑을 나누지 못하는 신세를 한탄하다가 밤에 몰래 성을 빠져나가 바빌로니아 왕의 왕릉이 있는 곳의 뽕나무 밑에서 만나기로 했다. 먼저 티스베가 몰래 와 기다렸다. 그런데 그만 사자 한 마리가 짐승을 잡아먹고 입가에 피를 흘리면서 그곳에 나타났다. 티스베는 급히 동굴로 몸을 피하려다 너무 놀라 얼굴을 가리던 너울을 떨어뜨리고 말았다. 사자는 이 너울을 보자 피 묻은 입으로 갈가리 찢어 버렸다. 뒤늦게 도착한 피라무스는 피가 묻은 너울을 보고 기겁을 하고 말았다. 자신이 늦게 오는 바람에 티스베가 사자에게 잡아먹혔다고 오해한 것이다. 사자의 이빨에 물려 죽었을 티스베의 고통을 생각하고 자신도 죽어 티스베의 곁으로 가야겠다고 마음먹었다. 그는 허리에 차고 있던 칼을 뽑아 옆구리를 찌르고 말았다. 티스베는 사자가 사라지자 동굴에서 나와 애인을 찾았다. 그런데 이게 웬일인가. 애인이 피 묻은 너울을 쥐고 피투성이가 된 채 쓰러져 있지 않은가. 티스베는 그제야 앞뒤 사정을 알아채고 울부짖었다. '죽음이 당신을 내게서 떼어 놓았지만 우리를 갈라놓을 순 없어요.'라고 말하고는 티스베는 피라무스의 체온이 남아 있는 칼을 가슴에 안고 고꾸라졌다……."

《로미오와 줄리엣》 이야기와 너무도 비슷합니다. 피라무스와 티스베는 로미오와 줄리엣이라고 할 수 있지 않을까요.

세상에 온전히 창조적인 것은 없습니다. 그 어떤 창조적인 작품도 다른 사람의 작품에 영향을 조금이나마 받게 마련입니다. 다만 어떻게 상상력을 발휘해서 그와는 다른 새로운 것을 만들어 내느냐가 중요하지요.

부모님의 적극적인 교육과 자신의 노력으로 이룬 결실

　괴테가 위대한 문학가로 이름을 날리자 많은 사람이 괴테의 어머니를 연구했습니다. 어머니 카타리나의 자녀 교육 방법 가운데 특별한 점은 바로 '이야기 교육'입니다.

　괴테의 어머니는 프랑크푸르트 시장의 맏딸로 태어났지만 독일어를 읽고 쓸 수 있을 정도의 교육만 받았습니다. 성격이 자상한 어머니는 어린 괴테가 잠들 때면 전래 동요를 자장가의 속도로 불러 주었습니다. 어머니 덕분에 괴테는 어려서부터 전래 동요를 들으면서 자라났지요.

　아들이 세 살이 되자 어머니는 밤마다 동화를 들려주었습니다. 잠들기 전에 괴테에게 전래 동화를 매일 한 편씩 들려준 것이지요. 그러나 동화의 마지막은 들려주지 않고 괴테가 완성하도록 했어요. 괴테는 매일 밤 어머니에게 동화를 듣고 그 뒷부분을 지어내느라 신이 났습니다. 괴테가 위대한 문학 작품을 남길 수 있었던 데는 어머니의 이야기 교육이 있었습니다. 이야기를 지어내면서 상상하고 추리하고 창작하는 습관이 자연스럽게 길러졌습니다.

　괴테가 훌륭한 인물이 된 것은 부모의 헌신적인 자녀 교육에 괴테 스스로 공부하려는 노력이 더해졌기 때문입니다. 괴테는 자신에게 필요한 공부는 스스로 찾아서 하고, 어린 시절부터 상상력과 창의력을 키우려고 수많은 고전을 읽었지요.

　요즘에는 외국어(주로 영어)만 잘해서는 큰 인물이 되지 못합니다. 외국어 실력을 쌓아 그 외국어로 쓰인 책들을 읽으면서 상상력과 창의력을 키우는 게 더 중요하지요. 괴테가 외국어를 잘하는 것도 중요하지만, 그보다 고전 작품을 읽는 것이 더 중요하다고 말한 이유는 바로 그 때문입니다.

프랑크푸르트의 명물, 괴테하우스

프랑크푸르트에 있는 '괴테 하우스'는 독일을 여행하는 사람이면 꼭 한번 들르고 싶어 하는 곳입니다. 괴테가 태어나 청년기를 보낸 이 집은 괴테가 살던 당시 모습 그대로 잘 꾸며져 있습니다. 또한 곳곳에 그의 작품과 유명한 예술가들의 그림과 조각들이 전시되어 있습니다. '시인의 방'이라고 이름 붙인 이곳 4층에서 그 유명한 《파우스트》와 《젊은 베르테르의 슬픔》의 초고를 완성했다고 합니다. 괴테가 스물다섯 살 되던 해인 1772년에 발표한 《젊은 베르테르의 슬픔》은 실제 이야기를 바탕으로 쓴 소설입니다. 괴테의 친구가 한 여인을 사랑했지만 결국 실연을 당하자 그 슬픔을 이기지 못하고 자살한 사건을 소설로 엮은 것이지요. 이렇듯 이곳에서는 괴테의 흔적과 함께 옛 독일인들의 생활을 엿볼 수 있답니다.

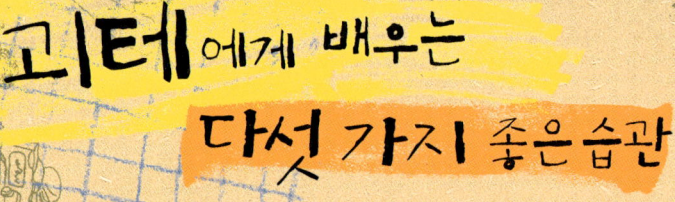

괴테에게 배우는 다섯 가지 좋은 습관

1. 외국어를 꾸준히 공부한다

세계를 무대로 활동할 기회가 많은 요즘에는 외국어 하나쯤은 잘해야 합니다. 괴테는 라틴 어, 영어, 프랑스 어, 그리스 어, 히브리 어를 어려서부터 배웠습니다. 그 덕분에 유럽을 어렵지 않게 여행하고, 외국 책을 남의 힘을 빌리지 않고 먼저 읽을 수 있었지요. 외국어를 잘하면 우리나라에는 없는 지식이나 정보를 얻을 수 있습니다. 또한 그 나라의 역사와 문화를 더욱 잘 알 수 있고, 외국인을 만나 얘기를 나누거나 함께 일을 해볼 수도 있습니다.

2. 남들과 다른 방향으로 생각해 본다

괴테는 밤마다 어머니에게 이야기를 한 편씩 들었는데, 어머니가 들려주지 않은 결말은 자신이 마무리 짓곤 했습니다. 이미 만들어져 있던 이야기와 달리 자기 나름대로 새로운 이야기를 지어내는 연습을 했던 것이지요. 이런 연습이 밑거름이 되어 그는 위대한 문학가가 되었습니다. 여러분도 동화를 다 읽기 전에 책을 덮고 그 결말을 마무리 지어 보세요. 상상력과 창의력을 키우는 데 큰 도움이 됩니다. 또한 모든 사람들이 당연하다고 여기는 것에도 '꼭 그럴까?' 하는 의문을 가지고 다른 방향으로 생각해 보세요. 남들과 다른 생각에서 기발한 아이디어나 독창적인 내용이 나오니까요.

3. 여행을 성장의 계기로 삼는다

'백 번 듣는 것이 한 번 보는 것만 못하다.'는 옛말이 있습니다. 그만큼 여행하면서 직접 체험해 보는 것이 중요하다는 뜻이지요. 괴테는 이탈리아 여행을 통해 위대한 작품을 쓸 수 있는 영감을 얻었습니다. 자연, 사람들의 삶과 풍습, 뛰어난 예술 작품 등을 꼼꼼히 관찰하고 기록도 남겼지요. 여행으로 나를 키우려면 왜 자신이 여행을 떠나는지 목적을 분명히 해야 합니다. 반드시 그 목적에 맞게 공부하거나 준비한 다음 떠나도록 하세요.

4. 호기심이 생기면 적극적으로 탐구한다

괴테는 호기심이 많았습니다. 어릴 때 새의 깃털이 날개에 어떻게 붙어 있나 살펴보려고 깃털을 모두 뽑는가 하면, 꽃잎들이 꽃받침에 어떤 상태로 있나 보려고 꽃잎을 모두 뜯기도 했습니다. 호기심이 생기면 그대로 두지 말고 괴테처럼 그 호기심을 해결하려고 노력해 보세요. 호기심을 해결하기 위해 공부하고 탐구하는 가운데 지식과 재능이 쌓입니다.

5. 고운 글씨체를 갖도록 노력한다

괴테는 자신도 놀랄 정도로 글씨체가 엉망이었습니다. 대학에 다닐 때 교수가 알아보기 어려운 글씨체를 고치도록 거듭 권유한 덕분에 바로잡을 수 있었지요. 글씨를 잘 쓰면 그 글을 읽는 사람이 알아보기 쉬울 뿐 아니라 좋은 인상을 받게 됩니다. 신경 써서 글씨를 쓰면 침착성을 기를 수 있고, 뇌를 발달시키는 데도 도움이 된다고 합니다.

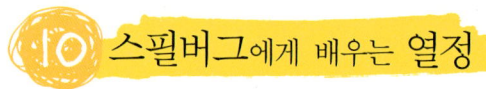 스필버그에게 배우는 열정

네 생각이 옳다고 믿으면 밀고 나가라

● 스티븐 스필버그 (1946~)

드라마와 코미디, 액션, 공상 과학을 넘나드는 영화로 세계인의 마음을 사로잡는 이 시대 최고의 영화감독. 번뜩이는 아이디어와 풍부한 상상력으로 만드는 작품마다 수많은 관객의 사랑을 받아 '영화계의 마술사'라고도 불립니다. 대표적인 작품에는 〈미지와의 조우〉, 〈죠스〉, 〈인디아나 존스〉 시리즈, 〈쥐라기 공원〉, 〈이티〉, 〈마이너리티 리포트〉 등이 있습니다.
〈쉰들러 리스트〉, 〈라이언 일병 구하기〉로는 아카데미 작품상과 감독상을 받았습니다.

상상력의 밑바탕이 된 사막에서 별 보기

"매우 조용한 아이였어요. 친구가 별로 없어서 참 안타까웠지요. 다른 아이들과 많이 달랐어요. 뭐랄까, 내성적이라고 해야 하나. 옷차림은 깔끔했어요. 단추와 깃이 달린 셔츠를 즐겨 입었지요. 몸집은 작은 편이었는데 수줍음을 많이 타고 자신감이 부족했지요. 이렇게 훌륭한 영화감독이 될 거라고는 상상도 못 했어요."

초등학교 6학년 때 담임 선생님은 이 사람을 이렇게 떠올렸어요. 선생님의 이야기를 들어 보면 이 주인공은 장래가 밝은 인물이 되기에는 부족한 듯합니다. 선생님뿐만 아니라 어머니마저도 이 사람이 공부를 못해 실망했지요.

"에디슨 스쿨에 다니는 4년 동안 줄곧 성적을 C만 받았어요. 똑똑하다고 생각했는데 학교에서는 평범한 학생이어서 실망했어요."

그런데 이 아이가 자라 서른여섯 살 때 외계인과 소년의 우정을 그린 영화 〈이티〉를 만들어 세계를 깜짝 놀라게 했습니다.

이 사람은 누구일까요? 바로 미국의 영화감독 스티븐 스필버그랍니다. 어린 시절 공부를 못했지만 꿈을 이룰 수 있었던 것은 아버지의 영향이 컸습니다. 아버지는 어린 스필버그에게 상상력과 창의력을 키워 주었습니다. 어느 날 밤 아버지는 스필버그를 차에 태워 사막 한가운데로 데려갔습니다.

"애리조나에 살던 어느 날 저녁이었어요. 아버지가 잠자던 나를 급히 깨워 차에 태우더니 30분 정도 운전하고 가서 길가에 차를 세웠어요. 전 까닭을 몰라 두려웠지요. 이미 수백 명이 길가에 누워 하늘을 쳐다보고 있었어요. 아버지는 빈자리를 찾아 담요를 깔더니 나와 함께 누워 하늘을 가리켰지요. 하늘에는 거대한 유성우가 떨어지고 있었어요. 수만 점의 빛이 하늘에서 쏟아져 내렸어요. 그런 현상이 왜 생기는지 놀랍기도 하고 두려웠어요."

아버지는 날씨를 미리 알아보고 우주의 신비를 잘 볼 수 있는 곳으로 스필버그를 데려갔던 것입니다. 까만 밤하늘에 처음 보는

It's so wonderful!
유성우가 마치 샤워 꼭지에서 떨어지는 물방울 같아요.

놀라운 광경이 펼쳐졌습니다. 스필버그는 지금도 그날의 경험을 잊지 못하지요.

"그날 밤 일은 우주적인 경험이었어요. 제 삶에 상상력의 바탕이 되었고 영화감독으로 성공하는 계기가 되었지요."

스필버그는 어린 시절의 기억을 떠올려 공상 과학 영화를 만들었습니다. 열여섯 살 때 〈불빛〉이라는 영화를 만들었는데, 아버지의 도움으로 동네 극장을 빌려 상영도 했습니다. 또 〈미지와의 조우〉는 미국 공군 기지에 나타난 UFO(미확인비행물체)를 그린 영화로, 주인공이 가족을 차에 태우고 들판에 나가 밤하늘의 수많은 별을 관찰하는 내용을 담고 있습니다. 바로 스필버그가 어린 시절 아버지 손에 이끌려 경험했던 것을 영화로 옮긴 것입니다.

1982년에 선보인 〈이티〉 역시 어린 시절 스필버그가 아버지와 함께 별을 구경한 것에서 비롯된 영화입니다. 아버지는 스필버그를 뉴저지의 평원으로 데리고 가 밤하늘의 무수한 별들을 바라보며 이야기했습니다.

"저 별들 중에는 우리와 같이 생각하고 말하는 생명체가 분명 있을 거야. 그들에게 뛰어난 과학 기술이 있다면 반드시 지구로 올 거야. 지구를 정복하기 위해서가 아니라 우리와 친구가 되기 위해서 말이다."

아버지의 말은 어린 스필버그의 가슴에 꿈으로 자리를 잡았습니다.

그리고 마침내 외계인을 침략자가 아니라 친구로 바라보는 새로운 공상 과학 영화를 탄생시킨 것이지요.

〈이티〉는 한 외계인을 둘러싼 이야기입니다. 어느 한적한 마을의 숲 속에 우주선이 나타나고 우주선에서 내린 외계인들이 지구의 각종 표본들을 모으다 인간들이 나타나자 서둘러 지구를 떠납니다. 식물 채집에 열중하다 홀로 남겨진 외계인 이티를 아이들이 돌봐 주면서 생기는 이야기를 그렸습니다. 이 영화는 15년 동안 미국에서 최고로 많은 관객을 영화관으로 불러들이는 대기록을 세웠지요.

인생을 뒤바꾼 무비 카메라

스필버그는 아홉 살 때 컴퓨터 기술자인 아버지를 따라 애리조나 주 피닉스로 옮겨 와 살게 되었습니다.

스필버그가 영화감독이 될 수 있었던 것은 순전히 아버지의 소형 무비 카메라(영화 촬영기) 덕분이었습니다. 어머니가 아버지 생일 때 8mm짜리 무비 카메라를 선물했는데 다루기가 어렵지 않았지요. 카메라를 본 스필버그는 아버지를 졸랐습니다.

"아버지, 이거 저에게 주세요!"

"그건 엄마가 내게 선물한 거야."

 무비 카메라는 곧 스필버그의 손에 들어왔습니다. 아버지는 가족 여행을 가면 꼭 카메라에 영상을 담아 왔어요. 스필버그는 여행을 다녀오면 영상을 보면서 아버지에게 이것저것 말했습니다.

 "이건 너무 흔들렸어요. 이건 구도가 잘못됐고요. 하나 같이 엉망이에요!"

 그러자 화가 난 아버지는 "그렇게 잘 알면 다음부턴 네가 찍어!"라고 말했습니다. 사실은 스필버그가 카메라가 갖고 싶어 꼬투리를 잡으려고 한 말이지요. 아버지도 알고 있었지만 스필버그가 하도 카메라를 좋아해 주려던 참이었습니다.

무비 카메라를 손에 넣은 스필버그는 가족 여행을 갈 때마다 카메라에 마음껏 영상을 담았습니다. 여행에서 돌아오면 한 편의 영화처럼 편집해 가족에게 보여 주었지요.

"이 장면은 마음에 들지 않는구나. 이 부분은 왜 이렇게 했니?"

"그건 저의 관점이고 저의 선택이에요."

스필버그는 아버지의 질문에 야무지게 대답했습니다. 한 장면을 찍어도 조명이나 배경, 각도에 꼼꼼하게 주의를 기울였습니다. 가족사진을 한 장 찍어도 누가 어디에 서고 어떤 표정을 지어야 할지 연출했지요. 수학여행을 가서도 기꺼이 '사진사'로 나섰습니다.

무비 카메라를 가지고 놀던 중학생 때부터 스필버그의 장래 희망은 영화감독이었습니다. 학교 밴드부에서 클라리넷을 연주했지만 음악보다는 카메라에 정신이 팔려 있었지요. 3분짜리 영화를 만드느라 학교 공부는 늘 뒷전이었습니다. 그래서 학교 성적이 엉망이었고, 아버지가 가정교사 역할을 하지 않았다면 고등학교도 가지 못할 뻔했지요. 고등학교에서는 연극부에 들어가 영화감독이 되기 위한 공부를 차근차근 해 나갔습니다.

영화감독으로 화려하게 등장하다

아버지는 스필버그가 기술자가 되기를 바랐습니다. 그러나 기술자로서 재능이 없어 늘 실망했지요. 기술자가 되려면 수학이나 과학을 잘해야 하는데 스필버그는 특히 수학이나 과학을 싫어했거든요.

"넌 도대체 앞으로 뭐가 되려고 그러니. 아버지는 너 때문에 너무 속상하단다."

아버지는 스필버그에게 기술자가 되도록 부추겼지만 소용없었습니다. 스필버그는 학교 공부는 뒷전이고 영화감독이 되고 싶어 했지요. 그런 스필버그에게 아버지는 영화감독이 얼마나 힘든 일인지 들려주었습니다.

"영화감독이 되려면 잔심부름부터 해서 한 단계씩 올라가야 해. 시간이 아주 많이 걸린단다."

"아니에요. 저는 첫 영화부터 감독을 할 거예요."라고 스필버그는 당차게 말했습니다.

하는 수 없이 아버지는 아들을 기술자로 키우려던 꿈을 접었습니다. '대학에 가야 한다.'는 조건으로 스필버그가 영화를 만들도록 허락했지요. 스필버그가 겨우 낙제를 면할 정도로 공부했지만 대학을 나온 것도 이 때문입니다.

스필버그는 자신의 생각대로 곧바로 영화감독이 되었습니다. 중고등학교 때 이미 단편 영화를 15편이나 만들었지요. 고등학교 때 400달러를 들여 만든 영화 〈불빛〉은 극장을 빌린 돈을 내고도 100달러 정도가 남았을 정도로 좋은 평가를 받았습니다. 스필버그의 영화에 대한 열정을 알고는 아버지는 더 이상 말리지 않았습니다.

대학에 들어가서도 학교보다 영화사에서 살다시피 했습니다. 영화에 대한 호기심을 채우려고 촬영장에 몰래 들어가 영화사 직원처럼 행동하며, 촬영장 구석구석을 돌아다녔지요.

영화에 열정을 불태우던 스필버그는 스물세 살 때 영화 〈앰블린〉으로 세계 최고의 영화 제작사인 유니버설 영화사와 7년 계약을 맺었습니다. 그의 말처럼 단숨에 영화감독으로 화려하게 등장한 것입니다.

타고난 이야기꾼, 세계 최고의 영화감독이 되다

스필버그 집안은 러시아계 유대 인으로 1906년 러시아에서 미국으로 이민을 와 신시내티에서 살았습니다. 스필버그 집안사람들은 하나같이 이야기꾼이었습니다. 스필버그의 부모님은 어린 시절 스필버그에게 이 사실을 들려주었어요.

"아버지도 할아버지도 대단한 이야기꾼이었지. 내가 다섯 살이었을 때 러시아에서 온 할아버지에게 조상 이야기를 처음 들었단다."

스필버그는 어린 시절 아버지에게 이야기를 듣는 것이 즐거웠습니다. 잠자리에 들기 전에 아버지는 공상이 가득한 모험담을 들려주었지요.

"모험 이야기에는 항상 우리 가족이 등장했어요. 동굴을 탐험하고, 세상의 이곳저곳을 여행하는 줄거리였어요. 과거를 여행하는 타임머신을 타거나 위험에 빠진 사람들을 구출하는 이야기도 있었지요. 이야기는 항상 연속물로 계속되는 형식이었어요. 그러다 30분쯤 지나면 '이제 자야지. 내일 계속해 줄게.' 하며 이야기를 끝내곤 했지요. 나와 내 동생들은 지금도 그 시절의 추억을 이야기하곤 한답니다."

스필버그는 내성적이었지만 이야기를 곧잘 했습니다. 아이들이 대여섯 명 모이면 스필버그는 이야기를 꾸며 내어 들려주곤 했습니다. 이야기가 너무 재미있어 귀 기울여 듣던 아이들은 "아하!", "정말?",

이제 이티가 지구 별을 떠날 시간이 온 걸까?

"야!" 하는 감탄사를 터뜨렸습니다. 어린 시절의 한 친구는 스필버그를 다음과 같이 기억했습니다.

"스필버그가 영화감독으로 유명해지지 않았더라도 잊지 못했을 거예요. 배우 같은 면이 있었거든요."

이야기꾼답게 스필버그는 "사람을 즐겁게 하는 영화를 만드는 게 목표입니다. 영화는 무엇보다 재미있어야 하지요."라고 늘 말합니다. 만든 영화마다 흥행에 성공하는 이유는 바로 이야기를 중요하게 여기기 때문이지요. 스필버그의 영화에는 무한한 상상의 세계, 시간과 공간을 넘나드는 이야기가 담겨 있기 때문에 사람들이 그의 영화를 기다리고, 열광하는 것이지요.

세계 최고의 영화감독을 만든 상상력

평범한 지구인이 스필버그처럼 우주적 상상력을 가질 수 있을까? 스필버그가 만든 영화에는 놀라운 꿈과 상상의 세계가 펼쳐집니다. 그는 〈미지와의 조우〉, 〈이티〉에서 지구를 침공하는 위협적 존재가 아니라 인간과 친구가 될 수 있는 외계인의 이미지를 만들어 냄으로써 공상 과학 영화들에 큰 영향을 주었습니다. 늘 피터 팬처럼 살고자 하는 스필버그는 "나의 고민은 상상력의 전원이 꺼지지 않는 것이다. 아침마다 너무 설렌 상태로 일어나기 때문에 아침밥을 먹을 수 없을 정도로 흥분되어 있다."라고 말할 정도로 상상력이 넘칩니다. 끊임없이 샘솟는 상상력이 그를 세계 최고의 영화감독으로 만들었습니다.

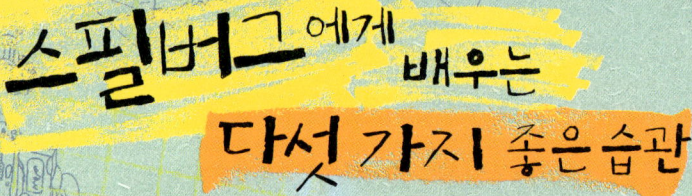

스필버그에게 배우는 다섯 가지 좋은 습관

1. 아버지와 친구가 되어라

스필버그는 아버지와 함께 밤하늘 펼쳐진 수많은 별들을 보면서 끊임없이 상상하고 꿈을 키웠습니다. 큰 인물들은 어린 시절에 아버지에게 좋은 영향을 받았다는 연구 결과도 있습니다. 이 책에 나오는 세계적인 인재들도 대부분 아버지에게 큰 영향을 받았습니다. 평소 아버지를 기쁘게 해 드리면서, 아버지와 함께 보내는 시간을 늘려 보세요. 속마음을 터놓는 친구처럼 친해진다면 더욱 좋겠지요. 그러면 아버지에게서 어머니와는 또 다른 사랑과 관심과 조언을 받고 지혜를 얻으면서, 즐거운 어린 시절을 보낼 수 있을 거예요.

2. 상상력과 창의력을 책에서 구하라

스필버그가 아주 어렸을 때 그의 어머니는 아들이 책을 가까이 하도록 매일 잠들기 전에 머리맡에서 동화책을 읽어 주었습니다. 스필버그는 어린 시절 동네 도서관에서 읽은 수많은 책 덕분에 상상력과 창의력을 발휘할 수 있었다고 합니다. 〈쥐라기 공원〉, 〈우주 전쟁〉 같은 영화도 소설을 바탕으로 만들었거나 책을 통해 얻은 상상력으로 만들었지요. 스필버그는 자신이 세운 드림워크스 영화사에 대학 도서관 못지않은 도서관을 만들었는데, 창의력과 상상력은 책에서 나온다는 것을 잘 알고 있었기 때문입니다.

3. 실패를 두려워하지 마라

스필버그는 원래 UCLA 대학교 영화학과에 들어가 영화를 공부하려고 했습니다. 하지만 성적이 나빠 원하는 대학에 들어갈 수 없었습니다. 롱비치의 캘리포니아 주립 대학교 영문학과에 들어간 그는 오히려 영화에 더욱 몰두해 〈앰블린〉이란 작품으로 세상에 이름을 알렸습니다. 만약 "나는 이것밖에 안 돼." 하면서 절망하고 실패를 두려워했다면 오늘날 같은 세계적인 영화감독이 될 수 없었을 것입니다.

4. 자신의 장점에 자부심을 갖는다

스필버그는 초등학교 때 공부를 잘하지 못했습니다. 수업 시간에 공부에 열중하지 않고 선생님에게 엉뚱한 질문을 하기 일쑤였습니다. 담임 선생님이 스필버그의 어머니를 불러 아들을 특수학교에 보내든지 따로 가정교육을 시키라고 말할 정도였지요. 하지만 스필버그는 학교 공부를 못하고 엉뚱한 대신 상상력이 풍부하다는 자부심이 있었습니다. 여러분도 자신의 장점에 자부심을 가지세요. 그리고 그 장점을 더욱 발전시켜 보세요.

5. 옳다고 믿으면 밀고 나가라

스필버그는 여덟 살 때 본 월트 디즈니의 영화 〈데이비 크로켓〉의 주인공 데이비 크로켓이 외친 "자신의 생각이 옳다고 믿으면 밀고 나가라."는 말에 큰 감명을 받았습니다. 실제로 그는 영화감독의 길을 걷는 것이 옳다고 생각하고, 오로지 영화에만 매달렸습니다. 중학생 때 3분짜리 영화를 만들었고, 고등학생 때는 연극부에 들어가 영화감독이 되기 위한 공부를 했지요. 대학생 때 영화사에서 살다시피 하다가 마침내 스물세 살에 영화감독이 되었습니다.